La Hofburg de Vienne, les Appartements impériaux, le musée Sisi et la Collection d'argenterie

Ingrid Haslinger | Katrin Unterreiner

La Hofburg de Vienne, les Appartements impériaux,
le musée Sisi et la Collection d'argenterie

ISBN 3-901 568-46-8
NE: Ingrid Haslinger, Katrin Unterreiner

1ère édition en juin 2000

Conception graphique et composition : Atelier Olschinsky
Impression : ALPINA Druck GmbH/Innsbruck
Traduction : Myriam Gerlache

ISBN 3-901 568-46-8

Détail de la maquette de la Hofburg de Vienne, placée dans la zone d'accès aux appartements impériaux

L'histoire de la Hofburg

Maquette supposée de l'ancien château fort médiéval

La Hofburg de Vienne servit pendant plus de 600 ans de résidence à la dynastie des Habsbourg et devint au fil des siècles une plaque tournante de l'histoire européenne. C'est ici que les souverains habsbourgeois régnèrent, au XIIIe siècle d'abord comme seigneurs autrichiens, à partir de 1452 comme empereurs du Saint Empire romain germanique et de 1806 à la chute de la monarchie, en 1918, comme empereurs d'Autriche.

Le château fort médiéval primitif du XIIIe siècle fut agrandi par les empereurs successifs, dont chacun fit ajouter une aile, transformant la Hofburg en une « ville à l'intérieur de la ville ». Le complexe asymétrique très étendu – il couvre plus de 240 000 m^{2} – se compose de 18 ailes, 19 cours et 2600 pièces où habitent et travaillent aujourd'hui près de 5000 personnes.

La cour du palais servit de décor à de nombreux tournois de chevalerie et par la suite, à des représentations de théâtre baroques ; on y organisa même, en 1677, un ballet équestre devant l'aile de Léopold

Le vieux palais est la plus ancienne partie de la Hofburg ; elle est appelée aile des Suisses en référence à la garde suisse qui, à partir du XVIIIe siècle, était chargée de la surveillance du palais. Le noyau primitif de la forteresse a été préservé. Seuls les quatre tours d'angle, la douve et le pont-levis ont dû, au fur et à mesure, céder le pas aux nouvelles constructions. Au milieu du XVIe siècle, la façade fut rénovée dans le style Renaissance et la porte des Suisses, l'un des rares monuments Renaissance de Vienne, conçue par Pietro Ferabosco, fut construite en 1552. Cette aile abrite les trésors impériaux où sont conservés les insignes du Saint Empire romain germanique ainsi que ceux de l'empire autrichien. Dans la chapelle du palais, érigée en 1449, les Petits Chanteurs de Vienne continuent à chanter la messe tous les dimanches.

Le palais des Écuries fut construit vers 1559 pour servir de nouvelle résidence. Depuis le XIIIe siècle, il est aménagé en écurie et héberge les célèbres lipizzans, qui tous les jours (à l'exception du lundi) accomplissent leur entraînement ou donnent des représentations dans le Manège d'hiver situé en face.

Le palais d'Amélie fut édifié au XVIe siècle en face de l'aile des Suisses et était à l'origine isolé du reste des bâtiments. Il doit son nom à l'impératrice Wilhelmine Amélie, qui, après le décès de son époux, l'empereur Joseph Ier, demeura ici durant son veuvage.

Sur le toit se dresse une petite tour munie d'un cadran solaire coiffé par une horloge à phases de lune. Cette aile a été habitée en dernier lieu par l'impératrice Élisabeth, dont les appartements sont aujourd'hui ouverts au public.

La porte des Suisses

Au XVIIe siècle, l'empereur Léopold 1er fit relier l'aile des Suisses au palais d'Amélie, donnant son nom à l'aile de Léopold. Ce bâtiment de style baroque primitif fut conçu entre 1668 et 1680 et occupé au XVIIIe siècle par l'impératrice Marie-Thérèse. À son décès, les pièces aménagées avec faste servirent de salles d'apparat à la famille des Habsbourg jusqu'à la fin de la monarchie. Depuis 1946, l'aile de Léopold est réservée aux services du président de la République fédérale.

Creusé sur trois étages, le sous-sol abritait la cave de la Cour, où les empereurs conservaient leurs réserves de vin. Ces dernières furent mises aux enchères à la fin de la monarchie et transformées en un dépôt de maquettes en plâtre reproduisant les modèles réduits de fontaines et de monuments longeant le Ring.

Au XVIIIe siècle, la Hofburg fut dotée, sous le règne de l'empereur Charles VI, de somptueux édifices baroques, construits par Joseph Emanuel Fischer von Erlach, l'architecte attitré de la Cour.

Entre 1723 et 1735, Fischer construisit la Bibliothèque Nationale, bibliothèque impériale destinée à abriter le précieux patrimoine littéraire des Habsbourg. La salle d'apparat, aménagée dans un très harmonieux style baroque, compte parmi les plus belles salles de bibliothèque du monde.

L'actuelle Bibliothèque Nationale sur la Josephsplatz

Salle d'apparat de la Bibliothèque Nationale

Le blason de l'empereur Charles VI, surmonté de la couronne impériale, sur l'attique de l'aile de la Chancellerie

Aile de la Chancellerie impériale

En 1730, Fischer von Erlach acheva l'aile de la Chancellerie où fut d'abord établie la Chancellerie du Saint Empire romain germanique. Après sa dissolution en 1806, les salles de la chancellerie furent transformées en pièces résidentielles pour la famille impériale et devinrent au XIXe siècle la demeure de l'empereur François-Joseph. Les sculptures des portails, exécutées par Lorenzo Mattielli, représentent les travaux d'Hercule. L'aile médiane comprend la porte impériale donnant accès aux appartements impériaux. À l'extrémité du toit est érigé l'imposant blason de l'empereur Charles VI avec l'aigle bicéphale, portant la bande autrichienne, surplombé de la couronne impériale.

En 1735, Fischer termina le Manège d'hiver, où se déroulent aujourd'hui encore les représentations du Manège espagnol. Dans son prolongement, on réalisa, du côté de la Josephsplatz, les salles de la Redoute, qui accueillaient autrefois les grandes réceptions, bals et autres festivités et qui depuis ont été transformées en palais des congrès.

Au début du XIXe siècle, Louis de Montoyer construisit la magnifique salle des cérémonies, où furent dès lors célébrées toutes les fêtes de la maison impériale et dans laquelle on continue à organiser de nombreux bals viennois de grande renommée.

L'aile Saint-Michel offre un accès à la Hofburg depuis le centre ville

Au XIXe siècle, l'Ancien Théâtre du Palais fut remplacé par l'aile Saint-Michel, parachevée par Ferdinand Kirschner, dont la façade en arc de cercle et la coupole haute de 50 m marquent aujourd'hui encore le visage de la Hofburg du côté du centre ville.

Le Nouveau Palais, l'extension la plus récente et la plus imposante, a été réalisé au début du XXe siècle, juste avant la chute de la monarchie. Il a été édifié d'après les plans de Gottfried Semper et Karl Hasenauer qui avaient projeté l'édification d'un « forum impérial ». Dotée d'une majestueuse façade en demi-cercle vers la Heldenplatz, cette construction a été terminée en 1913, peu avant le début de la Première Guerre mondiale et héberge actuellement la Bibliothèque Nationale d'Autriche, de même que divers musées et collections.

En 1888, l'ancien théâtre impérial (Burgtheater) a été démoli pour permettre le parachèvement de l'aile Saint-Michel

La Nouvelle Hofburg sur la Heldenplatz

Les jardins et places de la Hofburg

Le jardin du Palais impérial constitua jusqu'à la chute de la monarchie le jardin privé de la famille impériale. Tous les jardins et parcs de la Hofburg, de même que ceux de la Ringstrasse, sont agrémentés de monuments d'Autrichiens illustres, empereurs, impératrices, écrivains, peintres ou musiciens ayant vécu et composé à Vienne. Ainsi au Burggarten, on trouve, à côté de la statue de l'empereur François-Joseph, celle de Wolfgang Amadeus Mozart.

La Heldenplatz, où se trouvent les monuments équestres de deux grands commandants, le prince Eugène et l'archiduc Charles, s'ouvre sur le Volksgarten, aménagé au début du XIXe siècle pour la population viennoise. On y cultive de nos jours encore plus de cent espèces de roses, ce qui a valu à ce parc aussi le nom de « Jardin des roses ». Là, à côté du temple de Thésée, se trouve le monument érigé à la mémoire de l'impératrice Élisabeth. Il fut édifiéen 1823.

La serre aux palmiers dans le style « Jugendstil », au Burggarten

Statue de l'impératrice Élisabeth au Volksgarten

Monument de l'empereur François-Joseph au Burggarten

Frédéric III

Les Habsbourg – la naissance d'un empire mondial

La dynastie est issue d'une vieille famille comtale alémanique de l'Argovie (actuelle Suisse). Après que Rodolphe Ier de Habsbourg eut été proclamé roi des Romains en 1273, il inféoda en 1282 à ses fils les anciennes possessions des Babenberg, à savoir les duchés d'Autriche et de Styrie. Cette date marque le début du règne des Habsbourg en Autriche, un règne de 630 ans qui commença dans le dernier quart du XIIIe siècle et s'acheva à la fin de la Première Guerre mondiale en 1918.

Grâce à une politique habile et énergique, les petits fiefs de la région du Danube et de Styrie évoluèrent au fil des siècles vers un empire mondial s'étendant des limites orientales de l'Europe centrale à l'Amérique du Sud.

La couronne du Saint Empire romain

Frédéric III (1415-1493) fut le premier Habsbourg à être couronné, en 1452, empereur du Saint Empire romain par le pape à Rome. À partir de cet instant, la dignité impériale resta (à l'exception d'une brève période de 1741 à 1745) entre les mains des Habsbourg jusqu'à la dissolution du Saint Empire romain germanique. Pour les possessions autrichiennes d'origine, Frédéric légalisa le titre d'archiduc, que les Habsbourg allaient porter jusqu'à la chute de la monarchie. Cet empereur privilégiait Wiener Neustadt comme lieu de résidence. Lorsqu'il séjournait au Palais de Vienne, il occupait l'aile des Suisses, dans laquelle il fit également construire la chapelle du Palais, où les Petits Chanteurs de Vienne continuent à chanter à la messe du dimanche. Maximilien Ier (1459/1493-1519) fut le véritable

Maximilien Ier

Charles V

Léopold Ier

instigateur de la politique matrimoniale des Habsbourg – « Que les autres fassent la guerre, toi, heureuse Autriche, tu te maries ». Maximilien, « le dernier Chevalier », épousa en 1477 Marie de Bourgogne, héritière du riche duché de Bourgogne auquel étaient également rattachés les Pays-Bas. Son fils Philippe « le Beau » se maria avec Jeanne « la Folle », héritière de Castille et d'Aragon, une alliance qui intégra l'Espagne avec ses colonies prospères d'Amérique latine à l'empire des Habsbourg. Son petit-fils Ferdinand s'unit à Anne, héritière des royaumes de Bohème et de Hongrie. En trois générations, l'habile politique de mariages était ainsi parvenue à consolider la puissance des Habsbourg en érigeant un empire mondial « où le soleil ne se couche jamais ».

Charles Quint (1500/1519-1558) se consacra durant son règne en premier lieu à la lutte contre la Réforme. Afin de faciliter la gestion de cet empire complexe hétérogène, il partagea les domaines habsbourgeois et les fonctions associées avec son frère Ferdinand et établit ainsi une ligne autrichienne et espagnole des Habsbourg, avec résidences à Vienne et à Madrid.

Le XVIIe siècle fut marqué par les conflits avec l'Empire ottoman. Sous Léopold Ier (1640/1658-1705) eut lieu le deuxième siège turc de la ville, en 1683, se soldant par une victoire des troupes impériales et l'éradication du péril ottoman. Léopold poursuivit l'agrandissement de la Hofburg et fit édifier l'aile portant son nom (en face des appartements impériaux). Elle sert aujourd'hui de résidence administrative au président de la République fédérale d'Autriche.

Au début du XVIIIe siècle, les Habsbourg perdirent avec la guerre de Succession d'Espagne leurs possessions espagnoles au profit des Bourbons français. Charles VI (1658/1711-1740), élevé en Espagne, revint à Vienne comme empereur et conféra à l'extension de la Hofburg une magnificence baroque. Outre la Bibliothèque Nationale et le Manège d'hiver hébergeant les lipizzans du Manège espagnol, son règne marqua aussi la construction de l'aile de la Chancellerie, dans laquelle se trouve aujourd'hui une partie des appartements impériaux.

Charles VI

En 1740, Marie-Thérèse (1717/1740-1780), fille aînée de l'empereur et héritière de l'empire des Habsbourg, succéda à son père. Durant les premières années de son règne, la monarque réussit à défendre son héritage, en particulier contre la France et la Prusse, mais elle dut renoncer à la riche Silésie. Elle reprit dans son gouvernement certaines idées du siècle des Lumières, introduisit les premières mesures de modernisation de l'administration, rendit l'école obligatoire et abolit la torture. Épouse de François Stéphane de Lorraine, Marie-Thérèse poursuivit la politique matrimoniale traditionnelle, maria une grande partie de ses enfants – elle en eut 16 – dans toute l'Europe, ce qui lui valut d'être considérée comme la « belle-mère d'Europe ». Marie-Thérèse occupait l'aile de Léopold. Après sa mort, les pièces firent office de salles d'apparat dans la résidence des Habsbourg jusqu'à la disparition de la monarchie.

Marie-Thérèse

Au début du XIXe siècle, l'empereur François II

François II/Ier

Couronne impériale d'Autriche

proclama, en réaction au couronnement impérial de Napoléon en 1804, l'empire héréditaire d'Autriche et devint sous le nom de François Ier le premier empereur d'Autriche. Devant les victoires napoléoniennes, il décida de dissoudre le Saint Empire romain germanique en 1806, mettant ainsi fin à ce qui avait constitué pendant plus de 1000 ans l'empire supranational de la Chrétienté.

Sous le règne de son successeur Ferdinand « le Débonnaire », qui souffrait d'épilepsie, le chancelier Metternich développa un système de répression, d'espionnage et de censure. Il n'en reste pas moins que cette époque – le Biedermeier – s'inscrit parmi les plus florissantes dans l'histoire culturelle autrichienne.

François-Joseph Ier (1830/1848-1916) naquit à

Schönbrunn en 1830. À l'âge de 18 ans, il prit la succession de son oncle à la tête de l'empire autrichien, après que la révolution de 1848, brutalement réprimée, eut contraint Ferdinand Ier à abdiquer et que son père, l'archiduc Charles, eut renoncé au trône. Comptant 36 millions d'habitants, l'empire s'était au fil des siècles transformé en une monarchie multiethnique dans laquelle les nations les plus diverses, entre autres Allemands, Hongrois, Tchèques, Roumains, Slovaques et Italiens se trouvaient réunis sous une même couronne. Les premières années du règne de François-Joseph furent marquées par des défaites militaires. L'Autriche perdit ainsi ses possessions italiennes, la Lombardie et la Vénétie, puis se vit retirer, à l'issue de la bataille de Königgrätz contre la Prusse, sa position dominante au sein de la Confédération germanique. François-Joseph misait sur une politique conservatrice, comme ses prédécesseurs, et dut faire face à de nombreux soulèvements nationalistes au sein de l'empire. En 1867, le compromis (« Ausgleich ») conclu avec la Hongrie instaura la double monarchie austro-hongroise qui assurait une large autonomie aux Magyars. La même année, l'empereur fut couronné roi de Hongrie.

Sous François-Joseph, l'on édifia le Nouveau Palais sur la Heldenplatz, ainsi que l'aile Saint-Michel, donnant à la Hofburg l'apparence qu'elle a aujourd'hui.
En 1854, l'empereur épousa sa cousine, la

*François-Joseph Ier*

François-Joseph et Élisabeth

Le prince héritier Rodolphe

L'archiduc François-Ferdinand

princesse Élisabeth en Bavière, alors âgée de 16 ans, qu'on appelait « Sisi » dans le cercle familial. François-Joseph allait vénérer durant toute sa vie l'impératrice Élisabeth, qui devint une femme aussi belle qu'extravagante.

Le couple impérial eut quatre enfants. La fille aînée, Sophie, mourut à l'âge de deux ans. Gisèle (1856-1932) et Marie-Valérie (1868-1924) se marièrent et eurent une nombreuse descendance. L'unique fils, le prince héritier Rodolphe, né en 1858, se suicida en 1889 en compagnie de sa maîtresse, la baronne Marie Vetsera, âgée de 17 ans, dans le pavillon de chasse de Mayerling. De son mariage avec Stéphanie de Belgique est issue une fille, Élisabeth (appelée Erzsi) qui, après son divorce avec le prince Windisch-Graetz, adhéra au parti social-démocrate, épousa le socialiste Adolf Petznek et entra dans l'histoire comme « l'archiduchesse rouge ».

La fin de la monarchie

Après le suicide tragique de l'archiduc Rodolphe, c'est un neveu de l'empereur, François-Ferdinand, qui fut nommé prince héritier de la monarchie austro-hongroise. Tout comme Rodolphe, il connut cependant une fin dramatique – en juin 1914, lui et son épouse Sophie furent abattus à Sarajevo. Cet attentat déclencha la Première Guerre mondiale. François-Joseph décéda pendant la guerre, en novembre 1916, à l'âge de 86 ans, après un règne de 68 ans. Son petit-neveu Charles Ier lui succéda et devint le dernier empereur d'Autriche. La fin de la Première Guerre mondiale sonna aussi le glas de la monarchie austro-hongroise. Le 11 novembre 1918 fut proclamée la première République d'Autriche, après que l'empereur Charles eut décidé de se retirer de la politique. Comme il ne voulait cependant pas renoncer au trône, lui et sa famille durent s'exiler. En 1922, il mourut à l'âge de 35 ans sur l'île portugaise de Madère. Son épouse, Zita de Bourbon-Parme, qui refusa également toute sa vie d'abandonner la couronne, resta en exil et vécut ses dernières années en Suisse, où elle décéda en 1989. Ce n'est qu'après sa mort qu'elle put rentrer en Autriche : sa dépouille fut inhumée dans la crypte impériale de l'église des Capucins de Vienne où elle figure comme dernière impératrice d'Autriche.

Charles Ier

Zita

On accède aux appartements impériaux par le majestueux escalier impérial qu'utilisait aussi l'empereur lorsqu'il se retirait dans ses appartements

Les appartements impériaux

La Hofburg fut pendant plus de 600 ans la résidence des Habsbourg et le centre du Saint Empire romain germanique. Siège du gouvernement et de l'administration, ce palais servait avant tout de résidence d'hiver à la famille impériale. À partir du XVIIIe siècle, la Cour commença à passer l'été au château de Schönbrunn.

Conformément au cérémonial de la Cour, chaque membre disposait de ses propres appartements dans l'une des nombreuses ailes du palais. Alors que la plupart des pièces abritent aujourd'hui les musées les plus variés, des services d'État, ministères et la chancellerie de la présidence, les anciens appartements du couple impérial François-Joseph et Élisabeth peuvent être visités dans l'aile de la Chancellerie et le palais d'Amélie.

L'aménagement et le mobilier proviennent en majeure partie de la seconde moitié du XIXe siècle. Les poêles en faïence appartiennent, pour l'essentiel, à l'équipement original du XVIIIe siècle et furent initialement chauffés au bois. Les poêles étaient exclusivement entretenus de l'extérieur, par les domestiques royaux et impériaux préposés au chauffage qui empruntaient un passage situé derrière les pièces pour ne pas salir ces dernières. À partir de 1824, on fit poser des tuyaux alimentant les poêles en air chaud. Les lustres en cristal de Bohème furent exécutés par la manufacture Lobmeyr et étaient pourvus de bougies jusqu'à la fin du XIXe siècle. Ce n'est qu'en 1891 que l'électricité fut introduite dans les appartements impériaux.

LE MUSÉE SISI – mythe et réalité

Dans les six premières salles des appartements impériaux se trouve le musée Sisi entièrement consacré à cette impératrice exceptionnelle, ainsi qu'aux nombreuses facettes de sa personnalité.
Le musée, mis en scène par Rolf Langenfass, sort des clichés connus et part sur les traces de l'Élisabeth historique.

Vue de la salle « La mort » avec le « Masque mortuaire de l'impératrice » réalisé par Franz von Matsch, aux environs de 1900, mise en scène de Rolf Langenfass

La naissance d'un mythe

Le 10 septembre 1898 une nouvelle inopinée ébranle l'Europe : l'impératrice Élisabeth d'Autriche vient d'être assassinée !

La mort tragique d'Élisabeth marqua la fin d'une vie mouvementée, malheureuse, souvent mal comprise, celle d'une personnalité hors du commun. Cette mort fut décisive pour la propagation du mythe qu'Élisabeth, avec ses façons indépendantes et non-conformistes, avait déjà alimenté de son vivant.

Les coupures de presse parues à l'époque révèlent comment Élisabeth était perçue par ses contemporains. Ces extraits de presse montrent clairement qu'Élisabeth n'était pas la belle impératrice fêtée et adulée noircissant les titres des journaux. En réalité, la presse parla peu d'Élisabeth qui s'était retirée fort tôt de la vie publique pour se soustraite au rôle d'impératrice ; à la fin de sa vie, elle ne séjournait que rarement à Vienne. Comme de surcroît les journaux étaient soumis à une censure rigoureuse au sein de la monarchie, des commentaires francs et directs concernant l'impératrice étaient impensables. Ce n'est qu'après sa mort tragique qu'Élisabeth fut vénérée comme l'impératrice altruiste et bonne et qu'une idée faussée d'elle se mit à circuler. De son vivant, on s'intéressait peu à l'« étrange » impératrice qui se dérobait sans cesse au public. Ce n'est qu'après sa mort qu'on reconnut l'énorme potentiel que pouvait représenter la belle et infortunée impératrice avec sa fin tragique. D'innombrables estampes, pièces de monnaies et autres bibelots commémorant l'impératrice ne tardèrent pas à circuler sur le marché.

Les monuments

Après la mort d'Élisabeth, de nombreux monuments commémoratifs ont été édifiés, témoignant, entre autres, des fréquents voyages entrepris par l'impératrice. En 1902, les pays de la couronne de Hongrie organisèrent un concours de sculpture sur le thème de l'impératrice. Il est vrai qu'Élisabeth entretenait un rapport particulièrement étroit avec la Hongrie et y était beaucoup plus populaire qu'en Autriche déjà de son vivant. D'autres monuments furent érigés aux endroits qu'Élisabeth aimait fréquenter et où elle se rendait souvent, comme Merano, Feldafing, Territet ou Trieste, ville portuaire d'où l'impératrice s'embarqua plus d'une fois pour l'une ou l'autre de ses nombreuses croisières.

Élisabeth au cinéma

Ce sont finalement les nombreuses productions cinématographiques qui firent d'Élisabeth la star connue et vénérée sous le nom de « Sisi », particulièrement popularisée par la trilogie « Sisi » d'Ernst Marischka dans les années 50, film qui fit la gloire artistique de la jeune Romy Schneider. Elle incarne aujourd'hui encore l'image d'une « Sisi » jeune, sympathique et sans contrainte. Mais ce personnage correspond fort peu à la personnalité réelle de l'impératrice Élisabeth. Mais partons plutôt sur les traces de la vraie Élisabeth.

Vue de la salle « Le mythe Sisi », mise en scène de Rolf Langenfass

Buste en bois sculpté représentant Sisi à l'âge de 7 ans, de Anton Fernkorn

La jeunesse en Bavière

Élisabeth naquit le 24 décembre 1837 à Munich ; elle était la fille de Maximilien Duc en Bavière – plus connu sous le nom de Max en Bavière – et de Ludovica, fille du roi de Bavière. En beaucoup de points, Élisabeth, que dans l'intimité on appelait simplement Sisi, ressemblait à son père, proche de la nature et du petit peuple, amoureux d'équitation et de voyages. Sisi grandit à Munich et dans le château de Possenhofen, au bord du lac Starnberg, dans une atmosphère de liberté et d'indépendance, à l'abri de toute étiquette, du cérémoniel et des contraintes de Cour.

Amanda Bergstedt, Élisabeth couronnée de lierre

Les fiançailles à Ischl

En été 1853, Sisi accompagne sa mère et sa sœur aînée Hélène, appelée Néné, à Bad Ischl pour y fêter le 23e anniversaire de son cousin, le jeune empereur François-Joseph. En fait, la vraie raison de ce voyage réside dans les projets de mariages que fomentaient les deux sœurs, la mère de François-Joseph et celle de Sisi : François-Joseph devait se fiancer avec Néné. Mais tout se passe autrement que prévu : François-Joseph tombe éperdument amoureux de Sisi, âgée de quinze ans. Le 19 août ont lieu les fiançailles officielles. Ensuite Sisi retourne en Bavière où s'organisent aussitôt les préparatifs des noces. Avant tout Sisi doit apprendre son futur rôle d'impératrice d'Autriche. L'inquiétude et l'angoisse de la jeune fille devant la Cour de Vienne augmentent. Elle saisit soudain qu'à l'issue de ses fiançailles à Bad Ischl, elle vient de fouler la scène de l'Histoire et elle sait qu'elle a perdu, par la même occasion, sa liberté individuelle.

La copie de la fameuses robe du bal d'adieu d'Élisabeth
Il ne nous reste que peu de robes d'Élisabeth et parmi celles-ci la fameuses robe du bal d'adieu, qu'elle a probablement portée lors du bal d'adieu organisé juste avant son départ pour Vienne. Remarquez surtout les ornements orientaux : à côté des arabesques, une énigmatique inscription en arabe, déchiffrée il y a peu, a été brodée sur l'étole de la robe : « Oh mon dieu quel beau rêve ! ».
La robe originale se trouve au dépôt des costumes du Musée des Beaux-Arts de Vienne et ne peut être exposée pour des raisons de conservation.

Vue de la salle « Am Hof », sculpture « Marmor bin ich » – Élisabeth escortée de dames d'honneur stylisées, mise en scène de Rolf Langenfass

Vue de la salle « Am Hof », Élisabeth en reine de Hongrie, mise en scène de Rolf Langenfass

Le mariage

Avec son mariage le 24 avril 1854, Élisabeth entame une nouvelle étape de sa vie. La jeune mariée se sent dépassée par toutes ces festivités cérémonielles, les regards étrangers et leurs attentes. Lors de son premier accueil en tant que nouvelle impératrice, en pleine réception, épuisée, elle quitte la salle en larmes. La jeune impératrice obtient peu de soutien de son mari. François-Joseph n'a quasiment pas de temps à lui consacrer, Sisi se sent de plus en plus isolée. Quelques jours seulement après son mariage, elle écrit :

« Oh que n'ai-je quitté le gué
qui m'aurait mené à la liberté.
Oh que je ne me perde
sur les boulevards de la vanité ! »

Les représentations

C'est à contrecœur qu'Élisabeth remplissait ses devoirs d'impératrice ; les représentations lui étaient désagréables, le cérémoniel de la Cour l'incommodait, elle détestait les structures hiérarchisées et raides, elle exécrait les intrigues de la Cour à Vienne. Lors de manifestations représentatives, elle se sent exhibée « comme un cheval dans son harnais ».

« Je me suis réveillée en prison
La main prise dans les fers
Et plus que jamais nostalgique
Toi, ma liberté, tu m'as été ravie ! »

En 1858 Élisabeth traversa une profonde crise existentielle. Sa fille aînée, Sophie, mourut à l'âge de deux ans. Élisabeth avait mis au monde deux autres enfants, Gisèle et Rodolphe. L'impératrice souffrait de plus en plus d'insomnies, de manque d'appétit et d'une toux chronique. Les médecins conseillèrent à Sisi un séjour à Madère. Et pour la première fois, la revoici libre de toute obligation ; elle savoure pleinement cette vie loin des contraintes de la Cour. Quand Élisabeth réapparaît à la Cour de Vienne, c'est sous les traits d'une jeune femme complètement métamorphosée : la charmante jeune fille mélancolique et timide s'est transformée en une beauté orgueilleuse et sûre d'elle. De cette époque datent les remarquables portraits de Franz Xaver Winterhalter, dont le plus connu d'entre eux est sans conteste celui montrant Élisabeth en 1865 dans une toilette de bal, l'inoubliable robe d'étoiles et parée des non moins célèbres étoiles de diamants dans les cheveux.

Élisabeth parée de rubis, peinture à l'huile de Georg Raab 1879
Le magnifique bijou aux rubis que vous voyez sur cette peinture a été créé à l'occasion des noces d'argent du couple impérial. Il fait partie des joyaux de la couronne des Habsbourg aujourd'hui disparus.

Le célèbre bijou a été reconstitué avec d'authentiques cristaux, que la firme Swarovski a spécialement sponsorisé pour le musée Sisi.

Étoile de diamants de l'impératrice Élisabeth, réplique d'après l'originale

L'impératrice Élisabeth, Franz Xaver Winterhalter 1865

L'impératrice Élisabeth en tant que reine de Hongrie, buste de Viktor Tilgner

L'impératrice Élisabeth en tant que reine de Hongrie, Georg Raab 1867

Éventails en cuir de l'impératrice

La reine de Hongrie

De plus en plus souvent Élisabeth misait sur le pouvoir de sa beauté pour arriver à ses fins. En réalité Élisabeth avait peu d'intérêt pour la politique active. Elle s'est immiscée une seule fois dans les affaires d'État de son mari pour prendre le parti de la Hongrie. Élisabeth éprouvait une profonde sympathie pour le peuple hongrois, fier et fougueux, qui subissait depuis la répression de l'insurrection de 1849 le pouvoir impérial centralisé. Élisabeth devint porte-parole fervent des intérêts hongrois et entretint un contact étroit avec divers représentants du pays. Et si François-Joseph signa le compromis austro-hongrois, reconnaissant les droits historiques des Hongrois et constituant ainsi la monarchie austro-hongroise, Élisabeth y fut certainement pour une bonne part. Finalement en 1867, le couronnement solennel eut lieu dans l'église Saint Mathieu à Budapest, pendant lequel Élisabeth fut couronnée reine de Hongrie aux côtés de son époux.

L'équitation

Élisabeth renâcla de plus en plus devant la vie de Cour et se réfugia dans le culte de la beauté, les voyages, une poésie exaltée et les performances sportives. L'équitation était une des grandes passions d'Élisabeth, passion remontant à son enfance et transmise par son père ; elle décida de s'entraîner à fond et se profila comme l'une des plus brillantes et plus courageuses cavalières d'Europe. Les chasses à courre auxquelles elle aimait participer nous prouvent qu'Élisabeth cherchait consciemment à connaître ses limites, notamment en visant le plus haut niveau de performance sportive, dans lesquelles elle s'exposait d'ailleurs à des situations périlleuses.

Recettes de beauté jusqu'ici méconnues, utilisées par l'impératrice. Ces recettes font partie d'une collection privée.

Le culte de la beauté

« Qu'elle est belle ! » s'écria le Shah de Perse, à l'encontre de toute étiquette, en apercevant Élisabeth chez qui il fut reçu en 1873. Élisabeth était considérée comme l'une des plus belles femmes de son époque et elle en était d'ailleurs consciente. Les soins de beauté dominaient largement son emploi du temps. Elle était particulièrement fière de ses épais cheveux qui tombaient quasiment jusqu'à terre ; aussi leur consacrait-elle tous les jours 2 à 3 heures de soins. Pour conserver sa beauté légendaire, Élisabeth essaya toutes sortes de recettes miracles ; contrairement aux autres femmes de

Pèse-personne venant de la Hofburg

Peignoir de l'impératrice

Ombrelle en dentelles de l'impératrice

son temps, Élisabeth déclinait énergiquement l'emploi exagéré de maquillages ou de parfums, seule sa magnifique chevelure était aspergée d'essences odorantes. Mais c'est à sa sveltesse qu'Élisabeth accordait la majeure partie de son attention. Elle mesurait 1 mètre 73 et pesait entre 45 et 48 kilos. Sa taille exceptionnellement fine (50 cm) faisait l'admiration de ses contemporains. Pour rester mince, Élisabeth se fixa un programme de gymnastique quotidien. Outre l'équitation, elle pratiquait entre autres disciplines sportives l'escrime et la natation. Après qu'Élisabeth ait dû abandonner l'équitation au début des années quatre-vingts en raison de sérieuses crises de rhumatisme, elle compensa son besoin de mouvement par de longues marches forcées que ce soit sous un soleil de plomb ou par pluie battante. Parallèlement, Élisabeth eut recours aux remèdes les plus divers pour garder son poids plume. Son pèse-personne joua ici un rôle important : elle se pesait tous les jours ; plus elle avança en âge et plus elle suivit des régimes alimentaires draconiens. En dehors des jours de jeûne complet, il lui arrivait de ne boire que du lait ou alors elle se sustentait d'oranges ou de bouillon de viande. Mais la rumeur selon laquelle Élisabeth se nourrissait de jus de viande crue est largement exagérée ; les jarrets de veau crus étaient broyés dans une presse à canard, ensuite, avant d'être consommé, ce jus de viande était cuit et épicé. L'« on-dit » selon lequel Élisabeth vivait dans un état de faim permanent pour rester mince est également à reléguer dans l'arsenal des mythes et des idées fausses. Des factures provenant de diverses confiseries nous prouvent qu'Élisabeth raffolait de sucreries et de glaces. Des menus originaux témoignent en outre qu'Élisabeth pouvait avoir bon appétit : un petit déjeuner ordinaire consistait en un plateau avec du café, de la crème fraîche froide, de la crème fraîche chaude, des biscuits salés et sucrés, des œufs, des viandes froides, du miel, des fruits et différentes sortes de petits pains.

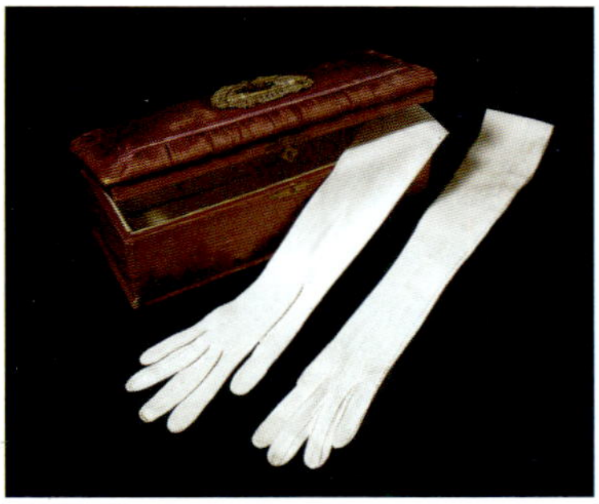

Gants et boîte à gants d'Élisabeth

Élisabeth en robe blanche

« La dame en noir », mise en scène de Rolf Langenfass

Coffret à bijoux de l'impératrice provenant de l'Achilleion

Fuir les regards étrangers

Pour entrer dans l'Histoire comme belle jeune femme, dès trente ans Élisabeth refusa de se laisser photographier. Les derniers portraits d'elle ont été brossés d'après des modèles et remontent à ses 42 ans, en 1879. Pour se soustraire aux regards étrangers, l'impératrice ne se déplaça plus que caparaçonnée d'éventails, de voiles et de parasols. Elle détestait qu'on la fixe et s'empressait toujours de cacher son visage devant les regards étrangers.

La « dame en noir »

Après le suicide tragique de son fils unique Rodolphe en 1889, Élisabeth se renferme de plus en plus, évite le contact humain, devient inaccessible. Elle ne porte plus que du noir ; la plupart ne l'aperçoivent plus que de loin, comme une frêle silhouette sombre.

Les refuges

Avec le temps, Élisabeth apprit à s'imposer à la Cour ; elle se mit à vivre sa vie comme elle se l'était imaginée. Les époux impériaux s'étaient éloignés l'un de l'autre. Élisabeth, dont les intérêts personnels étaient à l'avant-plan, se sentait incapable de rester aux côtés de son mari. Derrière son dos, les reproches allaient bon train, mais François-Joseph continua envers et contre tout à soutenir sa femme adorée, même si cela signifiait pour lui de la voir de moins en moins souvent.

« Je suis mouette de nul pays... »

Élisabeth entreprit de plus en plus souvent d'interminables et longs voyages. L'immensité de l'océan exerçait sur elle un magnétisme irrésistible ; elle rêvait qu'elle était une mouette volant librement au-dessus des flots. Elle se choisit des refuges, des lieux où elle pouvait franchement se laisser aller ; quelques uns des ces endroits privilégiés étaient le château Gödöllö près de Budapest, la villa Hermès dans le jardin zoologique de Lainz à Vienne et enfin l'Achilleion sur l'île grecque de Corfou. Là elle se fit ériger une somptueuse villa dans le style Pompeï, à laquelle elle donna le nom de son héros favori tiré de la mythologie grecque. Mais très vite, l'impératrice, de jour en jour plus fébrile, se détourna aussi de l'Achilleion.

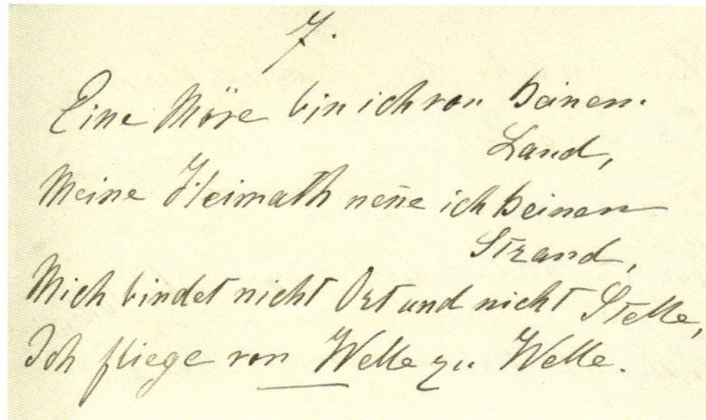
7.
Eine Möve bin ich von keinem
Land,
Meine Heimath nenne ich keinen
Strand,
Mich bindet nicht Ort und nicht Stelle,
Ich fliege von Welle zu Welle.

Chansons sur la Mer du nord, l'impératrice Élisabeth 1885

Titania

Élisabeth, qui écrivait des poèmes depuis sa jeunesse, se réfugia peu à peu dans une poésie exaltée. Elle vénérait Homère et se mit à produire en abondance des poèmes inspirés de sa grande idole Heinrich Heine ; il y est question de ses déceptions, de sa tristesse et de ses rêves, mais aussi de sa misanthropie et de son isolation grandissante.

« Depuis longtemps j'ai tourné le dos aux plaisirs, à la vie, je m'en vais seule loin de cette terre, nul ne partage ma vie intérieure aucune âme ne m'a jamais comprise. »

Écritoire destiné à l'impératrice Élisabeth. Argent doré, lapis-lazuli, Franz Jauner 1854

Élisabeth commença à s'identifier à Titania, reine des fées dans « Songe d'une nuit d'été » de Shakespeare. D'ailleurs, pour faire plaisir à sa femme adorée, François-Joseph fit exécuter des fresques représentant des scènes du « Songe d'une nuit d'été » dans la chambre à coucher de la villa Hermès de Lainz à Vienne qu'Élisabeth appelait « le château magique de Titania ».

Le bateau de plaisance Miramar

En voyages

Sa nostalgie du voyage ne faisait qu'augmenter. Plus elle était loin de Vienne, mieux elle se sentait. Prétextant une santé déficiente, l'impératrice entreprit de longs et lointains voyages, désira connaître d'autres horizons et des cultures étrangères. Elle affectionnait plus que tout les croisières et particulièrement quand la mer était démontée, car cela la rapprochait des éléments naturels.

L'état de fébrilité permanente de l'impératrice ne fit qu'augmenter ; sa famille et ses proches se firent de plus en plus de soucis pour l'impératrice mélancolique. En 1897, sa fille Marie-Valérie écrit dans son journal intime : *« La profonde mélancolie autrefois passagère de maman ne la quitte plus. Aujourd'hui, maman avoua une nouvelle fois que très souvent elle souhaitait la mort… »*

En 1873 on construisit pour Élisabeth un ensemble de wagons impériaux composé d'un luxueux wagon salon et d'un wagon-lit confortable. À la demande de l'impératrice, les wagons étaient extérieurement discrets ; par contre l'intérieur avait été aménagé avec force raffinement et élégance. Vous pouvez visiter le wagon-lit original au « Technisches Museum Wien ».

Attentat sur l'impératrice Élisabeth le 10 septembre 1898

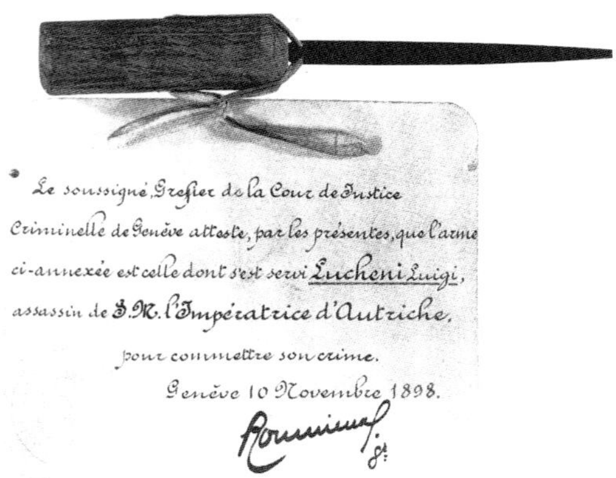

Lime ayant servi à l'attentat, Institut de médecine légiste de l'université de Vienne

L'attentat

En septembre 1898, Élisabeth entreprit une cure de plusieurs semaines à Territet près de Montreux ; le 9 septembre, en compagnie de sa dame de compagnie Irma Sztaray, elle fit une excursion à Prégny pour y rendre visite à la baronne Rothschild. Au soir, Élisabeth gagna Genève où elle comptait passer la nuit, car elle envisageait de reprendre le bateau le lendemain pour retourner à Montreux. Comme d'habitude, Élisabeth était descendue à l'hôtel Beau Rivage sous le pseudonyme de comtesse de Hohenembs dans l'espoir de rester incognito. Mais le lendemain un quotidien genevois, averti par une indiscrétion, révéla la présence de l'impératrice d'Autriche à l'hôtel Beau Rivage. Luigi Luccheni, anarchiste italien venu à Genève dans le but d'assassiner le prince d'Orléans, tomba également sur cette information. Comme le prince avait décidé en dernière minute de changer ses projets et de ne pas venir à Genève, l'anarchiste ne se laissa pas perturber : il venait par hasard de trouver une victime bien plus renommée ! Le matin du 10 septembre, Élisabeth effectue quelques emplettes et visite sa confiserie préférée. Vers midi, elle s'apprête à monter à bord du bateau qui devait la ramener à Montreux, mais Luccheni l'épie sur le chemin de l'embarcadère, se précipite sur elle et lui enfonce une lime dans la poitrine. Élisabeth s'affaisse, puis se relève, abasourdie, croyant avoir été bousculée, et se précipite à bord de peur de rater le départ du bateau. Là, l'impératrice s'effondre. En dégrafant son corsage on aperçoit une minuscule blessure sur sa poitrine. Le bateau fait immédiatement demi-tour et l'impératrice mortellement blessée est ramenée à l'hôtel, où elle meurt quelques instants plus tard.

La dépouille d'Élisabeth fut transportée à Vienne et inhumée dans la crypte des Capucins. Avec la mort tragique d'Élisabeth commence son immortalité ; toutes les critiques sont effacées. Seul reste le souvenir d'une belle impératrice inaccessible. Le mythe Sisi est né.

Funérailles de l'impératrice Élisabeth dans la crypte des Capucins

L'empereur François-Joseph dans son cabinet de travail, dessin de Theo Zasche

Les appartements de l'empereur François-Joseph

Lorsque François-Joseph accéda au trône à l'âge de 18 ans, en 1848, il occupa d'abord un appartement dans l'aile de Léopold. Après son mariage avec Élisabeth en avril 1854, il choisit d'établir ses appartements à l'étage principal de l'aile de la Chancellerie. Il aménagea la salle d'audience ainsi que les pièces de séjour et de travail où il vécut jusqu'à la fin de sa vie. Les pièces furent rénovées et adaptées au goût de l'époque. Les murs furent tendus de damas de soie rouge (« damas impérial »), le mobilier en palissandre et noyer fut réalisé dans le style du « second rococo » dans les tons blanc et rouge. Les goûts modestes de l'empereur se reflètent aussi dans la sobriété de l'aménagement de ses appartements, qui devaient refléter la dignité impériale sans néanmoins afficher un faste dispendieux.

De l'escalier impérial, l'empereur et les visiteurs accédaient directement à la salle des Trabans, où jour et nuit un sous-officier de la garde du corps de l'empereur était de faction.

La grande salle d'audience

L'empereur François-Joseph accordait des audiences deux fois par semaine. Dans la salle d'audience, les personnes conviées par l'empereur attendaient qu'elles soient introduites dans son cabinet. François-Joseph accueillait encore à un âge très avancé une centaine de personnes au cours d'une matinée.

Les murs sont ornés de trois peintures monumentales réalisées par Johann Peter Krafft, suivant le procédé à l'encaustique ; elles ont été achevées en 1832. Ces tableaux représentent des épisodes de la vie de l'empereur François II/Ier, dépeignant à la fois des événements historiques et la mode à l'époque du Biedermeier. Dans le coin gauche se trouve le buste en marbre de François II/Ier, dans le coin droit celui de François-Joseph âgé de 23 ans.

Chaque sujet avait la possibilité de solliciter une audience. S'il avait obtenu un rendez-vous, il se présentait au commissaire supérieur de la Cour qui vérifiait sur son registre le nom des personnes inscrites et les plaçait selon leur rang.

Entrée à Vienne de l'empereur François après la paix de Paris de 1814. À l'arrière-plan, on reconnaît l'église Saint-Charles-Borromée.

Le cabinet d'audience de François-Joseph avec le pupitre et le dernier portrait de l'empereur, peint par Heinrich Wassmuth

Le cabinet d'audience

L'empereur recevait toujours les solliciteurs debout, près du pupitre, où était posée la liste d'audience. On pouvait ici se présenter à l'empereur, le remercier pour une distinction accordée, lui demander grâce pour soi ou pour des membres de sa famille ou exposer une affaire concrète. Les audiences duraient en général quelques minutes et s'achevaient sur un signe de tête de l'empereur. François-Joseph était connu pour sa mémoire phénoménale. Il avait la faculté d'enregistrer immédiatement chaque nom entendu, chaque visage vu et s'en souvenait aussitôt lorsqu'il lui arrivait de rencontrer ces personnes des années plus tard.

Sur le chevalet est présenté le dernier portrait de l'empereur, réalisé par Heinrich Wassmuth un an avant le décès du monarque en 1916. Il était alors âgé de 85 ans.

Sur le mur de droite sont suspendus des tableaux des prédécesseurs de François-Joseph : François II/Ier et Ferdinand (« le Débonnaire ») portant tous deux les ornements de l'ordre de la Toison d'or.

Sur le mur du fond, on reconnaît François-Joseph en uniforme de gala.

Du vivant de François-Joseph, la pièce était décorée de nombreux dessins inspirés de tableaux célèbres

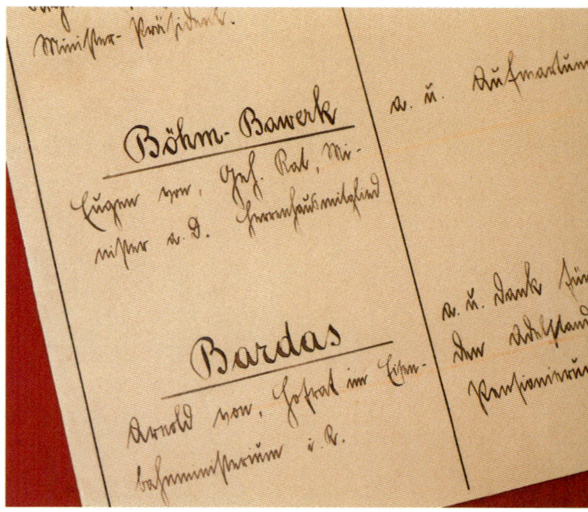

La liste d'audience indiquait à côté du nom du solliciteur l'objet de sa demande

Conférénce ministérielle présidée par l'empereur

La salle de conférence

C'est ici que se déroulaient les conférences ministérielles, appelées Minister Conseils, toujours présidées par l'empereur. Les ministres devaient se présenter en frac, les militaires en uniforme.

À côté de la niche du fond se trouve le buste en marbre et le sabre d'honneur du feld-maréchal Radetzky, l'un des plus célèbres chefs militaires de la monarchie, qui acquit ses plus grands mérites au milieu du XIXe siècle en écrasant la révolution dans les provinces italiennes de la monarchie. En témoignage de sa profonde reconnaissance, François-Joseph mit un appartement à la disposition de Radetzky à la Hofburg. Ce qui immortalisa cependant le feld-maréchal, c'est la marche du même nom composée par Johann Strauss père.

Les tableaux représentent des scènes de batailles de la révolution hongroise, anéantie en 1849, qui assombrit les relations entre les deux pays dans les premières années du règne de François-Joseph. La détente n'intervint qu'avec l'Ausgleich, accordant une large autonomie à la Hongrie, et avec le couronnement en 1867 de François-Joseph comme roi de Hongrie. Cette revalorisation de la partie hongroise de l'empire s'opéra aussi grâce à l'impératrice Élisabeth, qui affichait une grande sympathie à l'égard de la nation magyare.

Horloge de parquet dans la salle de conférence de l´empereur

Le cabinet de travail

François-Joseph prenait très au sérieux ses responsabilités de souverain d'un empire pluriethnique. À ses yeux, son rôle consistait moins en une représentation pompeuse qu'en une fonction publique et il s'est toute sa vie considéré lui-même comme le premier serviteur de l'État. Aussi passait-il chaque jour de nombreuses heures dans son cabinet de travail pour étudier tous les documents qu'il devait signer. Sa journée de travail commençait à cinq heures du matin et ne se terminait que tard dans la nuit, après les dîners, réceptions ou bals.

Mais François-Joseph était aussi un homme fort attaché à sa famille. Il aimait s'entourer de photographies, souvenirs et petits présents de ses enfants et petits-enfants. Sur l'étagère, l'on peut voir les portraits des deux aînés, Gisèle et Rodolphe. Sur le bureau de l'empereur sont posées, à côté d'une photographie de l'impératrice Élisabeth, deux prises de vue de sa fille cadette, Marie-Valérie avec sa famille. C'est dans ce cabinet que le 30 janvier 1889 François-Joseph reçut la nouvelle tragique du suicide de son unique fils Rodolphe qui, à l'âge de 30 ans, s'était tué avec sa maîtresse, la baronne Marie Vetsera, âgée de 17 ans, dans son pavillon de chasse à Mayerling. François-Joseph fut éprouvé par le décès de nombreux membres de la famille. Sophie, sa première fille, est morte à l'âge de 2 ans à peine. En 1867, son frère Maximilien, devenu empereur du Mexique, fut exécuté par des révolutionnaires et, en 1898, on assassina son épouse Élisabeth à Genève. Sur la table se trouve le télégramme annonçant le décès de l'impératrice et les dispositions prises par la Cour pour le deuil.

Le cabinet de travail de l'empereur François-Joseph aux environs de 1900.

Le portrait d'Élisabeth avec les cheveux dénoués a été réalisé par Franz Xaver Winterhalter, un peintre très apprécié à la Cour et souvent sollicité. Parmi les tableaux représentant son « ange Sisi », comme François-Joseph appelait son épouse adorée, c'était l'un de ceux qu'il préférait.

L'empereur supporta tous ces drames avec stoïcisme, se réfugia dans son travail et trouva une consolation dans l'accomplissement de ses devoirs.

Au-dessus de la cheminée, on reconnaît le portrait du tsar russe Alexandre II.

La porte du fond mène au logement du valet de chambre Eugen Ketterl, affecté au service personnel de François-Joseph et se tenant toujours à la disposition de l'empereur. Il lui apportait entre autres son petit déjeuner et des collations au cabinet de travail.

Le valet de chambre Ketterl était également responsable de la garde-robe de l'empereur, qui portait dans ses fonctions officielles exclusivement l'uniforme, les vêtements civils étant réservés à la chasse et aux déplacements privés à l'étranger. Ketterl nota à cet égard que l'empereur d'Autriche disposait « à peine de deux costumes acceptables ».

Le bureau de l'empereur François-Joseph dans le cabinet de travail

Dans sa chambre à coucher, l'empereur était entouré d'innombrables photos des membres de sa famille. Photographie historique datant des environs de 1900.

La chambre à coucher

Lorsque le couple impérial cessa de faire chambre commune, cette chambre fut aménagée en chambre à coucher pour l'empereur. Le simple lit en fer témoigne du mode de vie spartiate de François-Joseph. Il se levait bien avant l'aube, souvent à trois heures et demie du matin, et ne s'accordait une heure de repos supplémentaire qu'après de grandes fêtes. L'empereur prenait d'abord un bain dans une baignoire en caoutchouc que l'on venait installer tous les jours dans la chambre à coucher.

Un valet de bain l'assistait. L'austérité de la table de toilette, utilisée pour l'hygiène quotidienne, montre que François-Joseph ne se contentait pas de privilégier les équipements simples dans ses appartements, mais qu'il refusait catégoriquement tout luxe, le jugeant superflu. Après que l'empereur se fut habillé, il s'agenouillait sur un prie-Dieu pour effectuer sa prière quotidienne du matin. Piété et foi absolue dictaient la vie des Habsbourg profondément catholiques, qui interprétaient leur puissance comme une « grâce de Dieu ». Le petit déjeuner était ensuite servi directement dans le cabinet de travail de l'empereur.

Le valet Rudolf Rottner dans la chambre à coucher de l'empereur

L'empereur François-Joseph dans l'uniforme de gala de feld-maréchal autrichien, Franz Xaver Winterhalter, 1865

Le petit salon/salle commémorative de Maximilien, empereur du Mexique

Du temps de François-Joseph, cette pièce servait de fumoir où les messieurs pouvaient se retirer, car il était inconvenant de fumer en présence de dames. Aujourd'hui, elle est dédiée à la mémoire de Maximilien, empereur du Mexique, et frère cadet de François-Joseph. En 1864, pressé par son ambitieuse épouse Charlotte de Belgique, Maximilien accepta la couronne impériale mexicaine en dépit de la situation politique délicate. Le couple se rendit au Mexique, où la révolution ne put toutefois être étouffée. En 1867, les révolutionnaires commandés par Benito Juárez, arrêtèrent Maximilien et le fusillèrent. Son corps fut ramené à Vienne par l'amiral Tegetthoff et inhumé dans la crypte impériale. Charlotte était revenue plus tôt en Europe afin de demander du secours pour son époux. Lorsqu'elle apprit sa mort, elle perdit la raison, se sentit persécutée et vécut en Belgique jusqu'à la fin de ses jours en 1927.

Maximilien, empereur du Mexique, August Schoefft

Cette pièce était la dernière des appartements de l'empereur. Lorsque François-Joseph souhaitait rendre visite à son épouse qui habitait les pièces attenantes, il devait actionner la sonnette située sur le mur gauche derrière le rideau et s'annoncer.

La table de travail de l'impératrice Élisabeth dans son salon, qui lui servait également de chambre à coucher ; à côté des gants est posé le testament d'Élisabeth.

Les appartements de l'impératrice Élisabeth

À partir de 1857, Élisabeth occupa l'étage principal du palais d'Amélie, plus exactement les pièces contiguës aux appartements de l'empereur. Tout comme l'appartement de François-Joseph, celui d'Élisabeth fut conçu dans le style du « second rococo », certains ornements en stuc datant toutefois de l'aménagement du XVIIIe siècle. À l'origine, chaque salle était agencée dans un ton différent. Des documents historiques mentionnent entre autres un salon jaune, un salon rose et un autre bleu. Ce n'est qu'à partir des années soixante-dix du XIXe siècle que les pièces furent uniformément tendues de damas rouge, le dénommé « damas impérial ».

Portraits de famille dans le cabinet de toilette et de gymnastique de l'impératrice Elisabeth

Salon et chambre à coucher

Cette pièce était initialement la chambre à coucher commune du couple, mais Élisabeth ne tarda pas à réclamer une chambre particulière, où elle aimait se tenir aussi pendant la journée. Dès le premier jour, elle s'est sentie mal à l'aise à la Cour de Vienne, détestait le protocole contraignant, ne s'acquittait qu'à contrecœur de ses obligations représentatives et ne trouvait pas de réelle compensation dans ses relations avec les enfants, qu'il lui était interdit d'élever. La disparition de sa fille aînée, qui mourut à l'âge de deux ans au cours d'un voyage, et l'accouchement difficile du prince héritier, altérèrent considérablement la santé physique et psychique de l'impératrice, de telle sorte qu'on lui prescrit une cure sur l'île de Madère. Au fil des années, ces voyages de cure et de repos s'allongèrent de plus en plus et lui servirent de prétexte pour fuir non seulement la vie de Cour tant exécrée, mais aussi sa famille.

Une représentation de l'époque montre que le lit de l'impératrice était placé autrefois derrière un paravent.

Comme François-Joseph, Élisabeth se couchait dans un simple lit en fer laqué imitation noyer. Par ailleurs, elle dormait toujours à plat, sans le moindre oreiller, pour conserver son port droit.

Cabinet de toilette et de gymnastique

Élisabeth était considérée comme une des plus belles femmes de son temps et elle en était parfaitement consciente. Ses soins de beauté qui confinaient presque à un culte dominaient non seulement ses journées, mais aussi une grande partie de sa vie. Élisabeth se pesait chaque jour, s'imposait continuellement des jeûnes pour conserver sa silhouette de jeune fille. Il lui arrivait de ne se nourrir pendant plusieurs jours d'affilée que d'un simple bouillon chaud, de fruits ou de cinq à six oeufs à la coque mélangés à du sel, ce qui devait suffire aux besoins nutritifs de base et garantir une perte de poids. L'impératrice prenait soin également de s'enrouler des serviettes humides autour des hanches le soir. Sa profonde angoisse de grossir est aujourd'hui souvent interprétée comme de l'anorexie, car tout en mesurant 173 cm elle ne pesait que 48 kg et après avoir donné la vie à quatre enfants, son tour de taille ne dépassait pas 50 cm.

Le cabinet de toilette de l'impératrice Élisabeth en 1899, photographie historique. La table de toilette était située juste à côté de la fenêtre, les portes à battants pouvaient être dissimulées derrière de lourdes tentures. Le divan servait de lit de massage.

Pour garder un beau teint, elle utilisait des masques de viande de veau crue ; à la saison des fraises, elle s'appliquait des couches de fraises écrasées sur le visage et le cou. Pour conserver un corps souple, elle effectuait quotidiennement – au grand effroi de la Cour – des exercices de culture physique aux échelles et anneaux fixés dans l'encadrement de la porte. Ces agrès y sont encore.

Élisabeth était particulièrement fière de ses longs cheveux qui tombaient jusqu'à terre et dont l'entretien exigeait deux à trois heures par jour. Une fois par mois elle les lavait avec un mélange de jaune d'œuf et de cognac, ce qui prenait alors toute la journée.

Seule ombre à sa beauté était le mauvais état de ses dents. Pour cacher cette imperfection, elle parlait la bouche à moitié fermée et d'une voix si basse que les conversations avec l'impératrice s'avéraient souvent difficiles.

Heinrich Heine, portrait de Gottlieb Gassen en provenance de l'Institut Heinrich-Heine de Düsseldorf. Pendant ses longues séances de coiffure, Élisabeth en profitait pour étudier les langues et pour lire, avant tout les œuvres de son auteur préféré Heinrich Heine, dont les poèmes ont inspiré ses propres vers.

Contrairement à François-Joseph, qui aimait s'entourer des photos de ses enfants, Élisabeth s'encadrait volontiers de portraits de ses parents et de ses frères et sœurs. Le tableau représentant la mère de Sisi, la duchesse Ludovika en Bavière avec Sophie, la plus jeune sœur de l'impératrice, faisait partie de la décoration initiale de la chambre. Il se trouve actuellement en propriété privée.

Table de toilette de l'impératrice Élisabeth

Le cabinet de toilette, la salle de bains et les chambres Bergl

Élisabeth fut le premier membre de la famille impériale à se faire installer une salle de bains moderne. Celle-ci fut aménagée derrière son cabinet de toilette. Les murs étaient décorés de tapisseries florales en tissu, les cadres de miroir ornés de petites roses peintes. Sur le côté gauche, on aperçoit encore la baignoire en cuivre galvanisé, dont la robinetterie manque malheureusement aujourd'hui. Dans le couloir, on aperçoit à droite un W.C. en porcelaine décorée et un lavabo.

Une porte mène aux deux salles conçues par Johann Bergl en 1760. Leurs murs entièrement peints transposent le visiteur dans un univers exotique caractérisé par une faune et une flore très abondantes.

Les chambres Bergl

De temps en temps, le couple impérial prenait ici un petit déjeuner commun, sur une table que l'on apportait spécialement à cet effet.

Le grand salon

L'impératrice se servait de cette pièce comme salon de réception. Les tableaux reproduisant des paysages rappellent la passion des voyages de l'impératrice, mais aussi l'agitation qui la poussait sans cesse à changer de lieu.

Élisabeth aimait avant tout la Méditerranée, parcourut toute l'Italie et avait une prédilection pour la Grèce, qui la fascinait non seulement par ses paysages mais aussi par son histoire, sa mythologie et sa culture. Elle apprit le grec ancien et moderne et établit son refuge – l'Achilleion – à Corfou. Mais à peine fut-il achevé que déjà elle repartait. Élisabeth était une fervente admiratrice de Heinrich Heine et écrivait elle-même des poèmes. C'est sous le pseudonyme de la reine des fées « Titania » qu'elle s'évadait dans cet univers imaginaire et composait des vers dans lesquels elle se plaignait souvent de sa condition. Bien que François-Joseph soutînt son épouse et acceptât son exubérance, il ne parvint jamais vraiment à comprendre ce qu'il appelait les « chimères » de l'impératrice. Élisabeth a réussi à mener sa vie comme elle l'entendait, mais s'est toujours refusée à assumer ses obligations d'épouse, de mère et d'impératrice, d'où son surnom « l'impératrice anarchiste ».

La statue en marbre dans le coin représente la muse Polyhymne ; elle a été réalisée par Antonio Canova et fut offerte en 1816 à l'empereur François II/Ier par le royaume lombardo-vénitien

En traversant le **petit salon** on atteint la **grande anti-chambre de l'impératrice.** Par l'escalier de l'aigle, situé dans l'aile de Léopold adjacente, l'impératrice accédait à ses appartements après avoir traversé la pièce où se tenait la garde et l'antichambre. L'antichambre des appartements de l'impératrice servait aussi de lieu de rassemblement de la famille impériale avant les bals de la Cour.

Table de petit déjeuner

Les appartements d'Alexandre

Les pièces du palais d'Amélie situées au nord (donnant sur la place du Ballhaus) furent occupées par le tsar Alexandre lors du Congrès de Vienne, qui se tint de 1814 à 1815. Après la chute de Napoléon, toutes les têtes couronnées d'Europe se réunirent dans la capitale autrichienne pour procéder à un nouveau partage de l'Europe. À l'époque où l'impératrice Élisabeth résidait dans le palais d'Amélie, elle y organisait des réceptions privées. Le dernier empereur d'Autriche, Charles Ier, occupa ces appartements de 1916 à 1918.

La reine Marie-Antoinette, fille cadette de l'impératrice Marie-Thérèse, entourée de ses enfants

Le salon rouge

Cette salle, qui servit en dernier lieu de salon de réception à l'empereur Charles Ier, est agrémentée de précieuses tapisseries de la manufacture des Gobelins de Paris, dont les médaillons ont été inspirés par des tableaux de François Boucher. Ces tapisseries ont été offertes par Louis XVI à son beau-frère, l'empereur Joseph II, fils aîné et successeur de Marie-Thérèse. La fille cadette de l'impératrice, Marie-Antoinette, avait épousé en 1770 Louis XVI, le futur roi de France, mais le mariage resta longtemps sans enfant. Lors d'une visite à Paris, Joseph II en demanda la raison à son beau-frère et réussit à le convaincre de se soumettre à une petite intervention anodine, suite à quoi le mariage put être consommé. Peu de temps après, leur descendance était assurée. En témoignage de leur gratitude, Marie-Antoinette et Louis XVI envoyèrent de nombreux cadeaux à Vienne, notamment l'aménagement de cette pièce.

La salle à manger

Dans cette salle, une table a été dressée comme au temps de l'empereur François-Joseph pour un dîner en famille, en cercle restreint. Les dîners de gala étaient exclusivement organisés dans les grandes salles de fêtes de la résidence. Même un repas réunissant les plus proches membres de la famille devait obéir à une étiquette rigoureuse. La table était toujours décorée de manière festive. Au milieu se trouvaient des surtouts dorés ornés de fleurs, de fruits et de friandises. Des serviettes de damas pliées avec art étaient placées sur les assiettes d'apparat en argent. Les couverts étaient mis pour un seul plat. On utilisait des assiettes en porcelaine pour la potage et le dessert, des assiettes en argent pour tous les autres services. Le couvert en argent était orné de l'aigle bicéphale. Chaque plat était accompagné d'un vin différent, servi dans un verre spécifique, le verre de couleur verte par exemple étant destiné aux vins rhénans. De plus, chaque convive disposait d'une propre carafe de vin et d'eau ainsi que d'une coupe de sel. Pour que les plats servis soient toujours frais et chauds, le personnel de cuisine de la Cour les plaçait dans des caisses chauffées pour les transporter dans les appartements ; dans une pièce attenante à la salle à manger, les plats étaient maintenus à la bonne température sur des chauffe-plats alimentés au charbon et plus tard au gaz.

L'empereur était assis au milieu, en face de lui l'invité d'honneur, suivi des autres convives en fonction de leur degré de parenté ou de leur rang. On plaçait toujours un monsieur à côté d'une dame. La conversation était uniquement autorisée entre voisins de table. Les hôtes étaient servis en même temps que l'empereur, qui mangeait tout de suite. Comme le plat était jugé terminé dès que l'empereur reposait son couvert et que l'on débarrassait alors la table, l'empereur prenait soin de ne le faire que lorsque tous ses convives avaient fini. Un dîner se composait de 9 à 13 plats et durait au maximum 45 minutes. Le café et les liqueurs étaient ensuite servis dans une autre pièce où les messieurs avaient le droit de fumer.

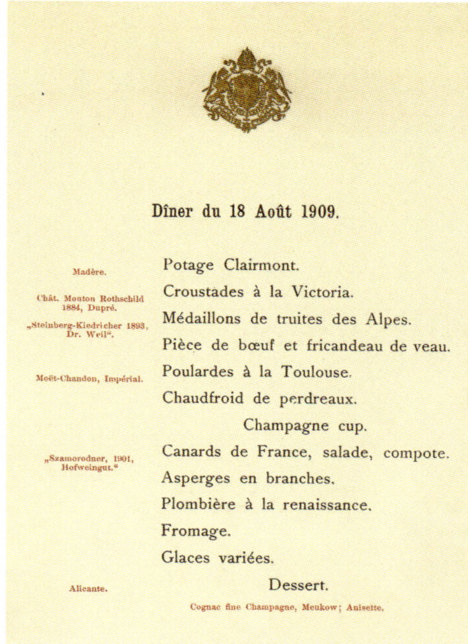

Dîner du 18 Août 1909.

Madère.	Potage Clairmont.
Chât. Mouton Rothschild 1884, Dupré.	Croustades à la Victoria.
„Steinberg-Kiedricher 1893, Dr. Weil".	Médaillons de truites des Alpes.
	Pièce de bœuf et fricandeau de veau.
Moët-Chandon, Impérial.	Poulardes à la Toulouse.
	Chaudfroid de perdreaux.
	Champagne cup.
„Szamorodner, 1901, Hofweingut."	Canards de France, salade, compote.
	Asperges en branches.
	Plombière à la renaissance.
	Fromage.
	Glaces variées.
Alicante.	Dessert.

Cognac fine Champagne, Meukow; Anisette.

Menu du dîner de famille du 18 août 1909.

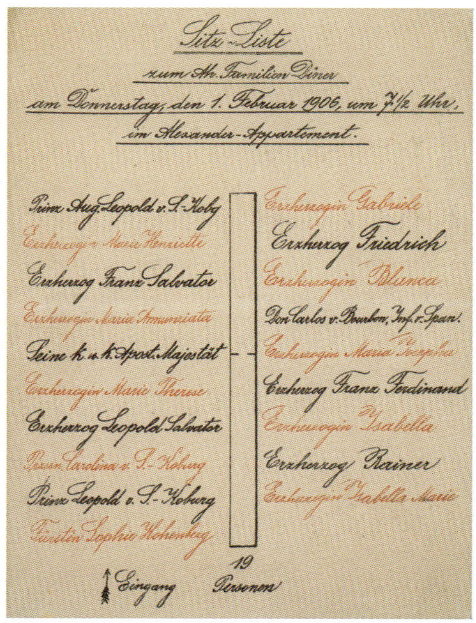

Sitz-Liste
zum Ah. Familien-Diner
am Donnerstag, den 1. Februar 1906, um 7 1/2 Uhr,
im Alexander-Appartement.

Prinz Aug. Leopold v. S.-Koburg	Erzherzogin Gabriele
Erzherzogin Marie Henriette	Erzherzog Friedrich
Erzherzog Franz Salvator	Erzherzogin Blanca
Erzherzogin Maria Annunziata	Don Carlos v. Bourbon, Inf. v. Span.
Seine k. u. k. Apost. Majestät	Erzherzogin Maria Josepha
Erzherzogin Marie Therese	Erzherzog Franz Ferdinand
Erzherzog Leopold Salvator	Erzherzogin Isabella
Prinzessin Carolina v. S.-Koburg	Erzherzog Rainer
Prinz Leopold v. S.-Koburg	Erzherzogin Isabella Marie
Fürstin Sophie Hohenberg	

Eingang — 19 Personen

Plan de table du dîner de famille impérial, organisé le jeudi 1er février 1906 à 7 heures et demie dans les appartements d'Alexandre

Le couloir dit de l'argenterie comportant l'argenterie de la Cour de Vienne

La collection d'argenterie et de porcelaines de la Cour

Les intendants de l'argenterie, dont on trouve mention dès le XVe siècle, n'étaient au début pas seulement responsables du service de table. Le règlement de la Cour de Ferdinand Ier, datant de 1527, prévoyait ainsi de confier l'administration de l'argenterie, des couverts, mais aussi celle du pain et des fruits à un intendant de sang noble, secondé par un représentant, trois serviteurs préposés à l'argenterie et deux assistants.

Au XVIIIe siècle, l'office de l'argenterie a été rebaptisé « office de l'argenterie de la Cour », dont la charge consistait alors à gérer et à entretenir la vaisselle en argent destinée à l'empereur et aux autres membres de la famille. Les pièces se trouvant dans l'office de l'argenterie devinrent bien public. À l'époque, les tâches assumées par cet office étaient bien plus étendues qu'ultérieurement. Jusqu'au milieu du XVIIIe siècle, l'office de l'argenterie s'occupait du linge de table ; les serviteurs préposés à l'argenterie étaient tenus de mettre le pain, la salade, le vinaigre et l'huile, la moutarde, le fromage, les confiseries et le sucre, de même que les fruits dans les récipients adéquats. Ils n'obtenaient ces matières de base que sur présentation d'un ordre émanant de l'office de vérification de la Cour, de la pâtisserie confiserie de la Cour ou du dépôt de vivres de la Cour. À chaque repas, les serviteurs et laveurs affectés à l'office de l'argenterie devaient préparer un « picata » à base de noix de veau ou de gigot de mouton cuit au four, de bouillon de viande et de limes fraîches.

Chaque jour, la vaisselle d'argent était affectée suivant une liste précise et garnie de mets dans la cuisine de la Cour. Seul le personnel des cuisines avait le droit de porter les plats et les terrines, car on ne surveillait pas seulement les pièces, mais aussi les itinéraires des serviteurs.

Après les repas, le personnel rapportait la vaisselle à la cuisine pour enlever les restes de nourriture et nettoyer l'argenterie. Ces articles regagnaient ensuite l'office de l'argenterie, chaque objet réceptionné étant rayé de la liste. L'office de l'argenterie employait à l'époque deux serviteurs, deux laveurs, six garçons et deux porteurs de même qu'une laveuse dont le travail se limitait à nettoyer les assiettes et les couverts dans une pièce voisine pendant que l'on servait à table. Pour récurer la vaisselle d'argent on utilisait « des os de mouton broyés, du tripoli pulvérisé et des brosses »; le personnel comptait à l'époque aussi des « lustreurs ». Tous les huit jours, le personnel de l'office de l'argenterie se relayait au service de la table. Lorsque les membres de la Cour ne se réunissaient pas, mais dînaient dans leurs chambres, les mets étaient servis dans de la vaisselle d'étain ou autre vaisselle.

Au XIXe siècle, l'argenterie et les pièces de porcelaine furent regroupées et désormais désignées par « argenterie et porcelaines de la Cour ». Certaines des fonctions du personnel préposé à l'argenterie mentionnées plus haut furent attribuées à d'autres offices de la Cour. Le service du pain et des viennoiseries fut ainsi pris en charge par le personnel de la cave. L'arrangement des fruits et des confiseries relevait à présent de la compétence des pâtissiers confiseurs de la Cour, dont l'office renfermait, à côté des services à café et à thé, également des surtouts en bronze, coupes de fruits et de confiseries, cruches à granité, plats à glace, etc. L'office de l'argenterie se vit aussi retirer la préparation des mets.

Vue historique de la collection d'argenterie avec le Grand Vermeil

Pour les dîners de la Cour, le chef cuisinier établissait la liste des plats et soupières nécessaires, qui lui étaient remis sur récépissé par l'office de l'argenterie. Le personnel de l'argenterie confiait aussi des pièces aux serviteurs chargés de dresser la table. Les préposés à l'argenterie et auxiliaires avaient pour principale mission d'assurer la conservation et l'entretien de toutes les pièces de l'office. Ils devaient les maintenir propres et faciles d'accès. À partir de la première moitié du XIXe siècle, les domestiques disposaient de machines pour polir la vaisselle en vermeil et en argent. Les services de table étaient choisis par le service de vérification de la Cour en fonction des dîners.

Après l'effondrement de la monarchie de Habsbourg (en 1918), la collection d'argenterie et de porcelaines devint la propriété de la République d'Autriche ; les offices furent dissous. On mit en vente de nombreux objets provenant d'autres offices de la Cour (cave, cuisine, pâtisserie, lingerie) et on incorpora les articles restants à la collection de porcelaines et d'argenterie.

Comme sous la monarchie, le personnel actuellement affecté à la collection d'argenterie et de porcelaines de la Cour est chargé de dresser les tables lors des banquets officiels et de préparer les buffets pour les réceptions. La vaisselle impériale a été utilisée pour les dîners d'État jusqu'à l'acquisition – en 1999 (porcelaines, verres) – d'un service de la République.

La collection d'argenterie avec le Grand Vermeil

Cuisine impériale, pièce où étaient installées d'énormes broches (1904)

Le service intérieur de la maison impériale – l'organisation des offices

Le service intérieur au sens strict (préparation des repas, de la table, conservation des vins, éclairage et chauffage des pièces) se composait de plusieurs offices placés sous les ordres du majordome ou du grand maître des cuisines. Il englobait les services suivants : le dépôt de vivres, la cuisine, la pâtisserie confiserie, la cave, l'argenterie et les porcelaines, la lingerie, l'éclairage, le dépôt de bois et de charbon. Tous ces offices avaient un responsable et un certain nombre d'auxiliaires (des serviteurs de rang « supérieur et inférieur »). Chaque service se voyait contraint de rendre minutieusement compte des tâches, effets ou produits traités. L'accès aux offices était proscrit à toute personne étrangère à la Cour et il était formellement interdit aux serviteurs de s'approprier des biens de la Cour, plus particulièrement de la nourriture.

Tout achat, toute consommation d'aliments, toute dépense en vins ou autres boissons, toute utilisation de linge de table, de porcelaine ou d'argenterie devaient être inscrits sur une liste. Une fois par an, les différents services intérieurs de la maison impériale procédaient à un inventaire des biens de la Cour, évaluant les pertes et les détériorations.

La cuisine de la Cour regroupait plusieurs pièces où travaillaient des cuisiniers de la bouche (plus tard désignés par chefs cuisiniers), des cuisiniers de la Cour (plus tard cuisiniers attitrés), des garçons et du personnel de rang inférieur. Les services étaient répartis comme suit :

a) la cuisine de bouche, affectée aux repas de l'empereur et de la famille impériale
b) la grande cuisine, dans laquelle étaient installées d'énormes broches
c) la cuisine froide, où l'on confectionnait les pâtés et les plats froids
d) la cuisine des salades et
e) la cuisine de l'oille, où l'on préparait le célèbre potage clair servi aux bals et aux soupers.

À l'intérieur de la cuisine de la Cour, il existait aussi un service réservé à la petite et à la grande cuisine des féculents. C'est ici qu'on réalisait des garnitures de potage, nouilles, pâtes, omelettes, strudel, tartes, gâteaux, petits et grands pâtés de même que des décorations en pâte pour garnir les plats.

La pâtisserie confiserie de la Cour fournissait tous les petits déjeuners (café, thé, chocolat) servis à la table impériale. Par ailleurs, elle préparait tous les produits glacés (à base de lait, de crème, de jus), des sorbets, des limonades, du lait aux amandes, du punch, des friandises, des fruits en conserve, des oublies pour glaces et de fins gâteaux (aux amandes).

Dans la cave de la Cour étaient non seulement conservés le vin, la bière et le cognac, mais aussi tous les services en verre, rangés dans des boîtes au rez-de-chaussée de l'office.

Pâtisserie confiserie impériale, pièce réservée à la confection de produits glacés (1904)

La cave impériale (1908)

Les vins étaient également décantés dans des carafes de cristal, car la Cour les achetait habituellement en gros dans des tonneaux. Des écriteaux, identifiant le contenu, étaient accrochés aux carafes. À partir de la seconde moitié du XIXe siècle, la Cour commença à se procurer des vins étrangers dans les bouteilles d'origine qui furent alors servies à table. Le rôle des carafes du service de verres se réduisit à la présentation du vin de table (= cuvées réservées à la maison impériale).

Au XIXe siècle, la cave de la Cour renfermait des vins autrichiens et étrangers de toutes sortes, entre autres du Chablis, du Madère, du Sherry, du Bourgogne, du Bordeaux, des vins rhénans, du champagne, du vin de Tokay et des vins de dessert (Malaga, Paxaret, Lacrimae Christi, Porto, Tokay doux de vendange sélectionnée, essence de Tokay).

À l'origine, la charge du linge de table incombait au personnel affecté à l'argenterie. L'augmentation considérable de ces pièces de linge sous le règne de Marie-Thérèse conduisit l'administration à installer vers le milieu du XVIIIe siècle une lingerie qui, hormis de courtes interruptions, assuma ses fonctions jusqu'à la fin de la monarchie. On distinguait le linge de bouche du linge de table, le linge de cuisine du linge en toile (= draps de lit et serviettes de bain). Dans la buanderie impériale, chaque laveuse était responsable d'un type de linge, car il était interdit de les mélanger.

Vue de la lingerie impériale (1908)

Moules en cuivre provenant de la cuisine impériale

Ustensiles de cuisine et de pâtisserie

La cuisine et la pâtisserie confiserie de la Cour utilisaient principalement de la vaisselle en cuivre et en étain. On se servait aussi d'ustensiles en céramique, faïence, en fer et en bois et, dans la seconde moitié du XIXe siècle, d'objets en émail ; mais il ne subsiste que peu d'exemplaires aujourd'hui. On attachait une très grande importance à la propreté de la vaisselle. Le nettoyage des casseroles, par exemple, était confié à des « récureurs » spécialement affectés à cette tâche. En plus, l'étamage du cuivre exigeait des soins particuliers. Le cuivre était nettoyé à l'aide de vinaigre et de sable. Pour prévenir les pertes et les vols, les pièces portaient des gravures, l'aigle bicéphale et les inscriptions KKHK et KKHZ (abréviations de cuisine royale & impériale de la Cour, pâtisserie royale & impériale de la Cour).

Comme la cuisine et la pâtisserie confiserie étaient divisées en plusieurs services et que l'on emportait la vaisselle au cours des déplacements, le stock s'avérait très important, ce qu'atteste entre autres la vente de plus de 10 000 objets après 1918 ; de nombreux exemplaires ont aussi dû « disparaître » dans le tourbillon suscité par la fin de la monarchie, si bien que les objets restants ne représentent aujourd'hui plus qu'une infime partie de l'équipement impérial.

Le linge de table

À l'origine, les Habsbourg s'approvisionnaient aux Pays-Bas ; jusqu'au début du XIXe siècle, on faisait venir le linge de table principalement de Saxe. Lorsque les ateliers de tissage locaux furent en mesure de répondre aux exigences de la Cour, les établissements silésiens autrichiens devinrent les seuls à fournir le damas de lin pour la table impériale. L'atelier de lin Regenhart & Raymann à Freiwaldau était le premier fournisseur de linge de table royal et impérial des Habsbourg.

Les nappes de table impériales étaient rondes, carrées (diamètre/côté de 1 m 20 cm à 4 m 20 cm) ou rectangulaires (longueur de 1 m 90 cm à 20 m, largeur de 3 m à 4 m). Outre la serviette impériale (90 x 90 cm), on utilisait des serviettes à dessert (35 x 35 cm) et des « serviettes simples », en lin plus grossier, destinées aux tables des domestiques.

Sur les nappes et serviettes du service impérial étaient brodées la couronne impériale et les dimensions (en coudes). Ce linge présentait aussi un décor floral complété par les insignes impériaux tissés. Il y avait du linge pour les manoeuvres, les pavillons de chasse, les bateaux, etc.

Linge de table et linge de cuisine de la Cour impériale

Le service de table des Habsbourg, manufacture de porcelaine de Vienne, 1824

Le service de table des Habsbourg

Entre 1821 et 1824, la manufacture de porcelaine de Vienne réalisa sur ordre de l'empereur François II (Ier) un service à dessert d'inspiration romantique-gothique, orné des portraits des souverains habsbourgeois et de leurs épouses. Appelé Service de Laxenburg, il était destiné au festin organisé à l'occasion des noces de l'archiduc François-Charles, fils cadet de l'empereur François, et de la princesse Sophie de Bavière. L'exécution du service répondait au souhait de l'empereur de représenter ses ancêtres sous une forme soutenant les efforts de légitimation entrepris après l'abandon de la couronne du Saint Empire romain germanique et la volonté de constituer un empire autrichien. Le service à dessert intervenait non seulement dans les réunions familiales, mais aussi dans les dîners officiels, afin de présenter cette vision dynastique à un public plus large.

En 1860, le service fut rangé parmi les antiquités et pièces rares de l'office d'argenterie de la Cour et cessa d'être utilisé. Il a pratiquement été conservé dans son intégralité.

Le service de la manufacture Herend

L'archiduc Ferdinand Maximilien, né en 1832, était le deuxième fils de l'archiduc François-Charles et de Sophie de Bavière. Il était plus doué que son frère François-Joseph et plus populaire aussi. Pour échapper aux discordes dues à la jalousie grandissante de son frère, Ferdinand Maximilien fit de nombreux voyages – surtout en bateau, car il s'intéressait depuis son enfance à la marine. En 1854 il fut nommé commandant en chef de la marine royale et impériale.

Ferdinand Maximilien épousa Charlotte de Belgique. Il fit aménager le château Miramare près de Trieste où il se retira après sa destitution comme gouverneur de Lombardie-Vénétie. Cette vie oisive ne lui apporta toutefois aucune satisfaction ; aussi accepta-t-il en 1864 la couronne impériale du Mexique que lui offrait l'empereur Napoléon III. À partir de 1865, Napoléon III abandonna Maximilien, vu que les États-Unis, considérant le président républicain Benito Juárez comme régent légitime du pays, s'étaient opposés à une intervention européenne. En 1867 Maximilien fut arrêté à Querétaro et fusillé le 19 juin.

En dépit d'une régence tombant en pleine période de troubles, l'empereur Maximilien s'était efforcé d'introduire un protocole complet s'inspirant de la Cour de Vienne et d'aménager sa résidence.

En 1864, Maximilien avait commandé auprès de la manufacture Herend le modèle Miramare, caractérisé par des décors asiatiques et les couleurs de la porcelaine Imari. Ce service ne parvint cependant jamais au Mexique.

Soupière du service de table de l'empereur Maximilien du Mexique

Surtout pour confiseries, Moritz Fischer, aux environs de 1867

L'impératrice Élisabeth

Le service de table blanc-or de la manufacture Thun à Klösterle (Bohème) est l'un des premiers services ayant appartenu à l'impératrice. Comme l'argenterie Élisabeth ultérieure et le service de voyage en argent, il est issu de l'héritage de l'empereur Ferdinand Ier de Prague. Le service en argent porte la lettre « E » et la couronne impériale. L'argenterie Élisabeth fut régulièrement complétée jusqu'à l'assassinat de l'impératrice en 1898.

Pour ses longs voyages, l'impératrice utilisa vers la fin de sa vie le plus souvent les yachts, Greif et Miramare, de son époux. En 1890, elle dût songer à acquérir un service de table réservé à ses voyages en mer. L'entreprise Arthur Krupp livra, en 1893, pour les croisières de l'impératrice, un service en argentan orné d'un dauphin et de la couronne impériale. Ce service était accompagné du linge de table assorti, sur lequel était tissé un dauphin.

L'impératrice Élisabeth (1837-1898)

Poignées en forme de dauphin du service destiné au bateau Miramare, métal argenté, Arthur Krupp, Berndorf 1893

Soucieuse de sa ligne, l'impératrice Élisabeth se nourrissait principalement de produits laitiers. En 1895, on lui construisit une métairie dans le jardin des Faisans du palais de Schönbrunn pour y élever des vaches. Outre les appartements et dépendances du responsable « suisse » et de son personnel, la métairie abritait aussi un salon de style hongrois avec du mobilier rustique peint et des rideaux multicolores, destiné à l'impératrice Élisabeth. Le service de table et les services à café et à thé en grès, peints aux couleurs assorties, furent exécutés en Hongrie.

Autre possession originale de l'impératrice Élisabeth : quatre presses à canard. Ces presses, avec lesquelles on prépare le célèbre plat français « Canard au sang » en comprimant les carcasses, furent cependant affectées à un autre emploi par Élisabeth. L'impératrice s'en servait pour presser du jus de veau/de boeuf qu'elle prenait régulièrement dans le cadre de son régime diététique.

Service de voyage en argent (Solitaire), Stephan Mayerhofer, Vienne, 1832

Presses à canard de l'impératrice Élisabeth, France, aux environs de 1880

Soupière avec louche du service de la manufacture de Thun, Klösterle (Bohème) 1851

Table dressée avec le service de la manufacture Minton. Ce service était un cadeau d'Élisabeth à son mari, François-Joseph, et était utilisé dans un de leurs pavillons de chasse Conception datant de 1870

Coupes à consommé de l'argenterie Élisabeth, Mayerhofer & Klinkosch, Vienne 1852

Service de table en grès provenant de la métairie particulière de l'impératrice Élisabeth, Hongrie, environs de 1895

L'ancien surtout français, bronze doré, Paris 1838

Le surtout milanais, Manfredini, bronze doré, Milan 1838

Ornements de table et surtouts – le service à dessert

La tradition des décorations de table est très ancienne. On trouve dans la littérature des exemples fastueux du XVe siècle se rapportant à la Cour de Bourgogne. L'ornement des tables se basait à la fois sur des matières consommables et non consommables. Cependant les deux formes se dégradaient très facilement et devaient en général être reconstituées pour chaque repas. Très souvent, les cuisiniers et les pâtissiers confiseurs qui créaient ces décorations se référaient à des événements historiques ou bibliques, car, comme le dit un vieil adage « on ne doit pas oublier les vieilles histoires, ce qu'elles enseignent et ce qu'il faut en retenir ».

Serviettes savamment pliées, sculptures en sucre et en gomme adragante, fruits taillés, paille, bois, mousse, cire, lin, figures de graisse, etc. Autant d'éléments formant des compositions dont la dimension, l'originalité et la fraîcheur des couleurs dépassent notre imagination. Des jeux d'eaux, fontaines, montagnes crachant du feu, pâtés d'où s'envolaient, après ouverture, des oiseaux vivants, contribuaient à l'enchantement des convives.

À partir du XVIIIe siècle on commença, pour des raisons économiques, à renoncer à ces décorations éphémères et à remplacer par exemple les sculptures de sucre par des biscuits en céramique. Au fil du temps, les surtouts de porcelaine, objets en verre et en bronze doré se substituèrent à cette architecture de table de courte durée. Les pâtissiers confiseurs et décorateurs de tables disposaient maintenant de pièces précises qu'ils pouvaient assembler à leur guise. Ornés de chandelles,

Le nouveau surtout français, Paris 1851, représenté lors d'un repas de gala dans la grande galerie du Palais de Schönbrunn, Fritz l'Allemand 1867

de décors floraux, de fruits, de confiseries, de mets glacés, de compotes et de gâteaux composés avec goût, ces surtouts attiraient le regard à table et servaient, à l'instar des anciens modèles, à présenter les desserts. On y ajoutait des fleurs qui, si elles étaient naturelles, devaient être inodores afin de ne pas altérer le goût des mets. Elles étaient arrangées dans les vases des surtouts ou tout simplement parsemées sur la table sous forme de guirlandes. Les pâtissiers confiseurs obtenaient aussi des fleurs artificielles que l'on s'évertuait à « rafraîchir », afin de pouvoir les réutiliser pour ainsi faire des économies. En automne, on avait coutume d'éparpiller des feuilles colorées sur les tables ; du gibier empaillé préparé par le Musée d'histoire naturelle servait généralement d'ornement aux tables de chasse.

Bouilloire de l'argenterie de la Cour de Vienne

L'argenterie de la Cour de Vienne

Après la refonte des services d'argenterie et d'or par l'empereur François II (Ier), la Cour de Vienne ne possédait plus de vaisselle en métal précieux, à l'exception du service en vermeil rapporté de Milan en 1816.

Le protocole de la Cour impériale exigeait cependant qu'à certaines occasions, la table soit dressée avec des couverts en métaux précieux ; seuls la soupe et le dessert étaient servis dans de la porcelaine.

Vers 1835, on commença à se procurer des services en argent commandés au célèbre orfèvre viennois Stephan Mayerhofer, puis à Mayerhofer & Klinkosch et à partir de 1869, à J. C. Klinkosch. Le service de plats courant à l'époque était constitué de plats à rôtis et à poissons que le personnel présentait aux convives. Chacun se servait lui-même. Le service était complété par des saucières, soupières, services à thé et à café, coupes à consommé, corbeilles à pain et divers présentoirs et enfin, par des couverts. En dépit du grand nombre de pièces que comportait ce service, les préposés au nettoyage des services en argent étaient obligés de nettoyer rapidement, dans des pièces attenantes, les assiettes et les couverts lorsque les dîners rassemblaient 300 à 400 personnes. Comme il était d'usage de changer de couverts à chaque plat, le stock d'argenterie ne suffisait pas.

L'argenterie de la Cour de Vienne continue à être utilisée dans les banquets officiels.

Soupière de l'argenterie de la Cour de Vienne

La salle des porcelaines Imari

La porcelaine d'Imari

Charles Alexandre de Lorraine était l'un des frères de François Stéphane de Lorraine, qui allait devenir l'empereur François Ier. Lorsque son frère renonça à la Lorraine pour épouser l'héritière du royaume des Habsbourg, Charles Alexandre et sa soeur Anne-Charlotte entrèrent également dans le cercle de la famille impériale. En 1744, Charles Alexandre épousa Marie-Anne, la soeur de Marie-Thérèse ; passionné d'art, il parvint à réunir une prestigieuse collection de vaisselle.

Au décès de Charles Alexandre, son héritier, l'empereur Joseph II, mit aux enchères une partie des pièces de la collection. Seuls les plus beaux services de porcelaine en argent et en or furent transférés à Vienne, sur ordre de l'empereur.

La plupart des articles laissés par Charles Alexandre de Lorraine sont des pièces de porcelaine chinoise et japonaise Imari, du nom du port d'exportation japonais. L'ajout d'éléments en argent s'effectuait en Europe (Vienne, Bruxelles, Londres, Paris). D'une part, la porcelaine était jugée tellement précieuse qu'on souhaitait la protéger contre les chocs ; d'autre part, les formes des récipients asiatiques ne correspondaient pas toujours aux usages de table pratiqués en Europe centrale. En assemblant plusieurs modèles par des montures d'argent, il était possible d'obtenir des formes adaptées au goût européen. Ces adaptations se remarquent particulièrement aux surtouts, chandeliers, supports d'huilier et à la fontaine de table. Les éléments en porcelaine ont été exécutés au tournant du XVIIIe siècle ; les montures d'argent ont pour l'essentiel été rapportées plus tard, vers le milieu du XVIIIe siècle.

Service à dessert du XVIIIe siècle

Le couvert de l'impératrice Marie-Thérèse, or, milieu du XVIIIe siècle

Le couvert de l'impératrice Marie-Thérèse

Jusqu'à la fin du XVIIIe siècle, les couverts ne constituaient pas de séries uniformes ; la fourchette ne parvint d'ailleurs à s'imposer qu'au cours de ce siècle. C'est la raison pour laquelle les convives apportaient leurs propres ustensiles.

Le couvert de l'impératrice Marie-Thérèse – en or massif – était confié au sommelier et nettoyé par lui après usage. Il est constitué d'une cuillère, d'une fourchette, d'un couteau, d'une fourchette à deux branches servant à servir les morceaux de viande des plats, d'une cuillère à café munie d'un tire-moelle, d'une salière (poivre et sel) et d'un coquetier. Quand le sommelier quittait la table avec le couvert ou s'y rendait, il était escorté de gardes portant des flambeaux. Chaque personne rencontrant cette suite solennelle devait faire la révérence au couvert comme s'il se trouvait en face de l'impératrice elle-même.

Le service à dessert de la manufacture Minton

À l'exposition mondiale, qui se tint au Crystal Palace de Londres en 1851, le service à dessert de Herbert Minton figura parmi les créations les plus remarquées. Le jury lui décerna la Council Medal, la plus haute distinction décernée à de la porcelaine. La reine Victoria, qui avait admiré plusieurs fois ce service de 116 pièces au cours des visites qu'elle effectua en famille et avec des invités, décida de l'acquérir et d'offrir la majeure partie des pièces – 69 au total – à l'empereur François-Joseph Ier.

La fragilité des éléments a sans doute conduit à inscrire en 1860 ce service de table sous la rubrique Antiquités et pièces rares nouvellement créée pour l'inventaire de l'argenterie de la Cour et non pas sous la catégorie porcelaine d'usage. Comme ce service n'a manifestement jamais été utilisé, l'ensemble est resté intact. La deuxième partie se trouve au Buckingham Palace à Londres.

Surtout de table avec petits pots à crème du service à dessert Minton

Le service de porcelaine de la manufacture de Sèvres

Les trois services de porcelaine de Sèvres qui font partie de la collection d'argenterie et de porcelaines étaient des cadeaux de la Maison de France aux Habsbourg.

Le service de table à rubans verts
C'est un présent du roi de France, Louis XV, à l'impératrice Marie-Thérèse témoignant du tournant opéré dans la politique d'alliances européenne après la guerre de Succession austro-prussienne et du rapprochement entre l'Autriche et la France en 1756.

En 1758, la manufacture de Sèvres livra à la Cour de France 185 pièces d'un service de table et à dessert, 38 figurines constituant le surtout et 116 autres objets en porcelaine tels que des déjeuners, pots-pourris, vases, gobelets, cruches, une fontaine, des pots de chambre, terrines et cuvettes. Ils furent complétés par 21 pièces d'un surtout pour dessert. Du service d'origine, seuls 45 objets purent être conservés, les figurines et surtouts ayant entièrement disparu. Deux saucières reproduites par la manufacture de Vienne rendent compte des efforts entrepris par des maîtres autrichiens pour compléter les pièces.

Le service à rubans verts : soupière à oille, beurrier, porcelaine à fritte, Sèvres 1756/57

Le service à fond vert

En 1770, Marie-Antoinette, fille de l'impératrice Marie-Thérèse, épousa le Dauphin, le futur roi Louis XVI, en vue de consolider l'alliance entre les Habsbourg et la France. L'empereur Joseph II se rendit en France en 1777 pour s'informer sur la situation économique et s'entretenir de sujets politiques avec son beau-frère. Le véritable motif était cependant lié à l'absence d'enfants du couple royal. Joseph II put convaincre l'époux de sa soeur de se soumettre à une petite opération anodine, et Marie-Antoinette ne tarda pas à être enceinte. À l'occasion de cette visite, l'empereur Joseph II reçut en guise de cadeau un service de table et à dessert.

Service à fond vert : beurrier, présentoir à condiments, seau à vin, porcelaine à fritte, Sèvres 1777

Les soupières aux épis d'or

À côté du service à fond vert, l'empereur Joseph II se vit offrir en 1777 deux soupières ovales et deux soupières rondes en porcelaine dure, destinées à l'oille, un ragoût de potage très prisé par la Cour. Elles sont ornées d'épis dorés et de motifs de fruits, de légumes, de céréales, de produits de la terre, de fleurs et d'outils de jardinage. Ces soupières, dont la décoration symbolise la fécondité, font partie des plus belles réalisations de la manufacture de Sèvres.

Détail d'une des trois soupières aux épis d'or, porcelaine dure, Sèvres 1778

Pièces provenant du service du Congrès de Vienne : soupière à oille, plat à salade, casserole à légumes, plat à rôti rond, manufacture de porcelaine de Vienne, 1814

Le service du Congrès de Vienne

Au XVIIIe siècle, les commandes que la manufacture de porcelaine de Vienne recevait de la Cour impériale étaient très modestes. Non seulement la bienséance, mais aussi le coût encore élevé de la porcelaine et la fragilité de telles pièces expliquent le recours à des métaux précieux (or, vermeil, argent) pour la réalisation de services de table. La porcelaine servait aux desserts, assiettes à soupe, garnitures de petits déjeuners de même qu'aux décorations de tables composées de figures mythologiques et de groupes de figurines.

Imposée par les guerres napoléoniennes, la refonte des services en métal précieux entraîna une forte demande en porcelaine – une solution de fortune, comme on le supposait alors. On acheta de plus en plus de porcelaine pour les services privés et les services de famille.

Lorsqu'au printemps 1814, l'on décida d'organiser un grand congrès de la paix à Vienne, la Cour des Habsbourg ne disposait plus de services en métaux précieux dignes de cet événement. Pour faire honneur au protocole et sauver la face, on commanda à la manufacture de porcelaine de Vienne un service entièrement doré pour les banquets officiels.

Les assiettes florales – l'empereur François II (Ier) représenté en jardinier

En 1784, l'archiduc François quitta Florence à l'âge de 16 ans pour venir s'installer à Vienne. Son oncle, l'empereur Joseph II, s'efforça d'offrir les meilleurs précepteurs au jeune homme. L'archiduc vouait une grande passion aux voyages et aux livres. Il aimait tout particulièrement la musique et la botanique. Plus tard, il concentra toute son attention sur sa famille.

Une règle de la Maison Habsbourg voulait que chaque archiduc apprenne un métier. Comme il se sentait très attiré par la botanique, l'archiduc François choisit le métier de jardinier. Ses outils de jardinage sont aujourd'hui conservés à la Collection de meubles anciens.

La première série de trente-six assiettes florales à fond marron fut réalisée en 1819. D'autres assiettes vinrent s'ajouter au service, si bien qu'en 1823, il comptait 96 pièces. Vers 1825-1830, les assiettes à fleurs marron furent complétées par des assiettes blanches. Les deux types d'assiettes étaient utilisés pour le dessert lorsque la table était dressée avec le Grand Vermeil. Ce service d'assiettes reproduit un des modèles du catalogue de la manufacture de porcelaine de Vienne, établi de façon systématique à partir de 1801.

Assiette à dessert à motifs floraux

Assiette à dessert. Les motifs floraux n'étaient pas les seuls à orner les assiettes à dessert. On trouve également d'autres motifs : des scènes de la mythologie, des paysages ou des scènes inspirées de maîtres anciens

Soupière du service Grand Vermeil, Martin-Guillaume Biennais, Paris 1808

Le service Grand Vermeil avec des pièces du surtout milanais

Le Grand Vermeil

À la fin du XVIIe siècle, les cours princières commencèrent à se doter de grands services en or, vermeil ou argent, que l'on utilisait aussi comme ustensiles de service ou de table dans les dîners cérémoniels ou officiels.

Avec le Grand Vermeil, la collection d'argenterie et de porcelaines possède l'un des plus somptueux services en argent doré au feu. Il se compose de 4500 pièces et pèse au total près de 1100 kg. L'on suppose que ce fut Eugène de Beauharnais, beau-fils de l'empereur Napoléon Ier qui commanda le service, initialement conçu pour 40 couverts, à l'atelier d'orfèvrerie de Martin-Guillaume Biennais de Paris. Celui-ci le réalisa avec le concours d'autres maîtres, dont le Milanais Eugenio Brusa. Exécuté pour la Cour de Milan, les chauffe-plats portent les armes de Napoléon en tant que roi d'Italie.

Après la défaite de Napoléon, le royaume lombard-vénitien fut annexé à l'empire autrichien, mais il fallut accorder un dédommagement à Eugène de Beauharnais pour les effets qu'il avait laissés à Milan. En 1816, le service en vermeil fut transporté à Vienne à l'occasion du mariage de l'empereur François II (Ier) avec Caroline Auguste, sa dernière épouse. La capitale autrichienne avait, en raison des guerres napoléoniennes, été amenée à refondre tous les services en métaux précieux, de sorte qu'il manquait des services adaptés aux festins officiels. Ce service arriva à Vienne en automne 1816. Auparavant, le blason napoléonien avait été remplacé sur les pièces, à Milan, par les armoiries et les initiales de l'empereur François (FIA = Franciscus Imperator Austriae).

La manufacture Mayerhofer & Klinkosch, rebaptisée J.C. Klinkosch en 1869, ajouta 100 pièces aux 40 couverts initiaux, les orfèvres complétant le service Empire dans le même style.

Assiettes du service Grand Vermeil

Rudolf I.
(1218-1291) König 1273
⚭ 1. Gertrud von Hohenberg · ⚭ 2. Agnes von Burgund

aus 1. Ehe

und weitere neun Geschwister

Albrecht I.
(1255-1308) Herzog 1282
König 1298
⚭ Elisabeth von Görz-Tirol

und weitere neun Geschwister

Friedrich I. (III.)
(1289-1330) Herzog 1308
dt. König 1314
⚭ Elisabeth von Aragon

Albrecht II.
(1298-1358)
Herzog 1330
⚭ Johanna von Pfirt

und weitere drei Geschwister

Rudolf IV.
der Stifter
(1339-1365)
Herzog 1358
⚭ Katharina von Luxemburg

Albrecht III.
(1349/1350-1395)
Herzog 1365
Albertinische Linie
⚭ 1. Elisabeth von Luxemburg
⚭ 2. Beatrix von Zollern

Leopold III.
(1351-1386)
Herzog 1370
Leopoldinische Linie
⚭ Viridis Visconti

und weitere fünf Geschwister

Albrecht IV.
(1377-1404)
Herzog 1395
⚭ Johanna Sophie von Bayern

Ernst (der Eiserne)
(1377-1424)
Herzog 1402
⚭ 1. Margarete von Pommern
⚭ 2. Cymburgis von Masowien

aus 2. Ehe

und eine Schwester

und weitere drei Geschwister

Albrecht V. (II.)
(1397-1439) Herzog 1404
König von Böhmen und Ungarn 1437
dt. König 1438
⚭ Elisabeth von Luxemburg

Friedrich V. (III.)
(1415-1493)
König 1440
Kaiser 1452
⚭ Eleonore von Portugal

und zwei Schwestern

und eine Schwester

Ladislaus Postumus
(1440-1457)
König von Ungarn 1440
König von Böhmen 1453

Maximilian I. (1459-1519)
König 1486 · Kaiser 1508
⚭ 1. Maria von Burgund
⚭ 2. Bianca Maria Sforza

aus 1. Ehe

und eine Schwester

Philipp I.
(1478-1506)
König von Kastilien 1504
⚭ Johanna von Spanien

und weitere vier Schwestern

Karl V. (I.)
(1500-1558)
Kaiser 1519-1556
Spanische Linie

Ferdinand I. (1503-1564)
Kaiser 1556
Österreichische Linie
⚭ Anna von Böhmen und Ungarn

Maximilian II.
(1527-1576)
Kaiser 1564
⚭ Maria von Spanien

Ferdinand von Tirol
(1529-1595)
⚭ 1. Philippine Welser
⚭ 2. Anna Katharina Gonzaga

Karl
(1540-1590)
von Innerösterreich
⚭ Maria Anna von Bayern

und weitere zehn Geschwister

Rudolf II.
(1552-1612)
Kaiser 1576

Matthias
(1557-1619)
Kaiser 1612
⚭ Anna von Tirol

und weitere acht Geschwister

Ferdinand II.
(1578-1637) Kaiser 1619
⚭ 1. Maria Anna von Bayern
⚭ 2. Eleonore von Gonzaga

und weitere elf Geschwister

Ferdinand III.
(1608-1657) Kaiser 1637
⚭ 1. Maria Anna von Spanien
⚭ 2. Maria Leopoldine von Tirol
⚭ 3. Eleonora von Gonzaga

und weitere vier Geschwister

aus 1. Ehe

Leopold I.
(1640-1705) Kaiser 1658
⚭ 1. Margarita Teresa von Spanien
⚭ 2. Claudia Felicitas von Tirol
⚭ 3. Eleonore von Pfalz-Neuburg

und weitere fünf Geschwister

aus 3. Ehe

Josef I.
(1678-1711) Kaiser 1705
⚭ Amalia Wilhelmine von Braunschweig-Lüneburg

Karl VI.
(1685-1740)
Kaiser 1711
⚭ Elisabeth Christine von Braunschweig-Wolfenbüttel

und weitere vier Schwestern

Maria Josepha
(1699-1755)
⚭ Friedrich August II. von Sachsen-Polen

Maria Amalia
(1701-1756)
⚭ Karl Albert von Bayern

Maria Theresia
(1717-1780)
Königin von Ungarn 1741 · Königin von Böhmen 1743
⚭ **Franz I.**
Franz Stephan (1708-1765)
Herzog von Lothringen 1729-1735
Großherzog von Toskana 1737-1765
Kaiser 1745
HABSBURG-LOTHRINGEN

Maria Anna
(1718-1744)
⚭ Karl Alexander von Lothringen

Maria Karoline
(1752-1814)
⚭ Ferdinand von Bourbon-Neapel

Leopold II.
(1747-1792)
Großherzog von Toskana
1765-1790
Kaiser 1790
⚭ Maria Ludovica von Bourbon-Spanien

Marie Christine
(1742-1798)
⚭ Albert von Sachsen-Teschen

Maria Antonia
(1755-1793)
⚭ Ludwig XVI. von Frankreich

Ferdinand
(1754-1806)
⚭ Maria Beatrix von Modena-Este

und weitere sechs Geschwister

Josef II.
(1741-1790)
Kaiser 1765
⚭ 1. Isabella von Bourbon Parma
⚭ 2. Maria Josefa von Bayern

Maximilian
(1756-1801)
Kurfürst von Köln-Münster

Maria Amalia
(1746-1804)
⚭ Ferdinand von Parma

Maria Anna
(1738-1789)

Maria Elisabeth
(1743-1808)

Maria Theresia
(1767-1827)
⚭ König Anton von Sachsen

Ferdinand III. (1769-1824)
Großherzog von Toskana
⚭ 1. Luise von Bourbon-Neapel
⚭ 2. Maria von Sachsen

Karl
(1771-1847)
⚭ Henriette von Nassau-Weilburg

Joseph
(1776-1847)
Palatin von Ungarn

Johann
(1782-1859)
⚭ Anna Plochl (Gräfin von Meran)

Rainer
(1783-1853)
⚭ Elisabeth von Savoyen

Ludwig
(1784-1864)

Rudolph
(1788-1831)
Kardinal

und weitere sieben Geschwister

Franz II. (I.)
(1768-1835)
römischer Kaiser 1792-1806
Kaiser von Österreich (I.) 1804-1835
⚭ 1. Elisabeth von Württemberg
⚭ 2. Maria Theresia von Bourbon-Neapel
⚭ 3. Maria Ludovica von Modena
⚭ 4. Karoline Auguste von Bayern

aus 2. Ehe

Marie Louise (1791-1847)
⚭ 1. Napoleon I.
⚭ 2. Adam Graf Neipperg
⚭ 3. Karl Graf Bombelles

aus 1. Ehe

Napoleon Franz,
Herzog von Reichstadt
(1811 -1832)

Ferdinand I.
(1793-1875)
Kaiser 1835-1848
⚭ Maria Anna von Savoyen

Leopoldine
(1797-1826)
⚭ Dom Pedro von Brasilien

Maria Klementina
(1798-1881)
⚭ Leopold von Salerno

Karolina Ferdinanda
(1801-1832)
⚭ Friedrich August von Sachsen

Franz Karl
(1802-1878)
⚭ Sophie von Bayern

Maria Anna
(1804-1858)

Franz Joseph I.
(1830-1916)
Kaiser 1848
⚭ Elisabeth in Bayern
(1837 - 1898)

Ferdinand Maximilian
(1832-1867)
Kaiser von Mexiko
1864-1867.
⚭ Charlotte von Belgien

Maria Anna
(1835-1839)

Ludwig Victor
(1842-1919)

Karl Ludwig
(1833-1896)
⚭ 1. Margarete von Sachsen
⚭ 2. Maria Annunziata von Neapel-Sizilien
⚭ 3. Maria Theresia von Portugal

Sophie
(1855-1857)

Gisela
(1856-1932)
⚭ Leopold von Bayern
zahlreiche Nachkommen

Rudolf (1858-1889)
⚭ Stephanie von Belgien
Elisabeth (1883-1963)
⚭ 1. Otto Fürst Windischgrätz
⚭ 2. Leopold Petznek
zahlreiche Nachkommen

Marie Valerie
(1868-1924)
⚭ Franz Salvator von Toskana
zahlreiche Nachkommen

Franz Ferdinand
(1863-1914)
⚭ Sophie Chotek, Gräfin (Herzogin von Hohenberg)
zahlreiche Nachkommen

Otto Franz Joseph (1865-1906)
⚭ Maria Josepha von Sachsen

Ferdinand
(1868-1915)
⚭ Berta Czuber (BURG)

Margarethe
(1870-1902)
⚭ Albrecht von Württemberg

Maria Annunziata
(1876-1961)

Elisabeth Amalia
(1878-1960)
⚭ Alois von Lichtenstein

Karl I.
(1887-1922)
Kaiser 1916-1918
⚭ Zita von Bourbon-Parma
(1892 - 1989)

Maximilian Eugen
(1895-1952)
⚭ Franziska von Hohenlohe-Schillingfürst

Otto
(*1912)
⚭ Regina von Sachsen-Meiningen

und weitere sieben Geschwister

Crédits photos

Photographes

P.K.: Peter Koller | M.: Maxum | W.: Wiesenhofer
J.W.: Johannes Wagner | K.: Kalmar | Ma.: Mayer
Ha.: Haider | D.: Diejun | M.H.: Marianne Haller
M.S.: Margherita Spiluttini | P.A.: Photobusiness/Artothek | T.H.: Tina Haller/Tina King
S.B.: Stephan Baumann | E.K.: Edgar Knaack
T.D.: Tina Dietz | H.H.: Hans Hoffmann
K.R.: Klaus Rasthofer | R.L. Rolf Langenfass
L.L.: Lois Lammerhuber

Schloß Schönbrunn Kultur- und Betriebsges.m.b.H.
Titel P.A., 4, 5, 7o., 8o. J.W., 9o.l.,9o.r.,9u., 12, 14o., 14m., 14u., 15o., 17o., 17u., 19o., 19u., 20 J.W., 22o. E.K., 22u. R.L., 23 E.K., 24o. E.K., 24u. E.K., 25 E.K., 26o. E.K., 26u. E.K., 27u.l. E.K., 27u.r. L.L., 28 P.A., 30o. M.S., 30u. E.K., 32o. E.K., 32u. E.K., 33o. E.K., 34o. E.K., 34u. M.S., 40/41 M.H., 42 M.H. 43o., 44o. M.H., 44u. J.W., 45u. J.W., 46o. J.W., 46u. M.S., 47 M.S., 48 J.W., 51o. M.S., 51u. J.W., 52o. J.W., 53, 54 P.A., 55u. M.S., 56 M.S., 57 T.D., 58 E.K., 59u. J.W., 60/61 T.D., 63o.r. K.R., 63u. T.D., 64o. M.S., 64u. M.S., 65o.,m. M.S., 65u. H.H., 66o. E.K., 66u. J.W., 67 J.W., 68 M.H., 69 J.W., 70 J.W., 71o., 71u., 72 J.W., 75 J.W., 85o. J.W, 85u. S.B., 86o. J.W., 86u. M.H., 87o.l. M.H., 87u.l. S.B., 87o.r. T.H., 87u.r. J.W., 88o. J.W., 88u. J.W., 92 J.W., 101o. J.W., 101u. J.W.;
Museen des Mobiliendepots 18o., 27o, 29., 31u. L.L, 35, 39, 45o., 52u., 59o., 74, 76, 78o.,78u.,79, 80 M.H., 81 M.H., 82 T.H., 83 M.H., 84 M.H., 90 M.H., 91 T.H., 93 T.H., 94 M.H., 95 T.H., 96 M.H., 97o. T.H., 98 M.H., 99o. M.H., 99u. M.H., 100o. M.H.;
Wien Museum 36;
Technisches Museum Wien 37;
Institut für Gerichtliche Medizin der Universität Wien 38u.;
Österreichische Nationalbibliothek Portraitsammlung und Bildarchiv 33; 49, 62;
Kunsthistorisches Museum, Wien 8u. J.W, 13, 15u., 16o., 16u., 43u, 50, 55o., 89;
Schweizerisches Bundesarchiv Bern 35o;
Grafische Sammlung Albertina 6o.;
Künstlerhaus 18u.;
Heinrich-Heine-Institut, Düsseldorf 63o.l.;
Ingrid Haslinger 97u. M.H., 100u. M.H.;
Dr. Herbert Sapinsky 31o, E.K.;
Wiener Tourismus 6u. M.;
Österreich Werbung 7u. W.,10 K., 11o. Ma., 11u.l. Ha., 11u.r. D.;

Bibliographie

Brigitte Hamann, Die Habsburger. Ein biographisches Lexikon, Wien 1988

Elisabeth Hassmann, Martina Kotvojs, Katrin Unterreiner, Die Wiener Hofburg, Lernbehelf für Guides, Schloß Schönbrunn Kultur- und BetriebsgesmbH., Wien 2005

Joseph Alexander Freiherr von Helfert, Viribus Unitis. Das Buch vom Kaiser, Wien 1898

Kugler Georg, Wiener Hofburg. Die Kaiserappartements, Wien 1996

Chris Stadtlaender, Sisi. Die geheimen Schönheitsrezepte der Kaiserin und des Hofes, Wien 1995

Ilsebill Barta-Fliedl, Peter Parenzan (Hg.), Ehemalige Hofsilber- und Tafelkammer, Sammlungskatalog Band I, Wien 1996

Ingrid Haslinger, Ehemalige Hofsilber- und Tafelkammer, Sammlungskatalog Band II, Wien 1997